cuisiner avec les surgelés

cuisiner avec les surgelés

• MARABOUT •

Sommaire

Tartines et tapas

Tartines aux rougets, olives et safran

POUR 4 TARTINES
SANS DÉCONGÉLATION
PRÉPARATION 10 MINUTES - CUISSON 25 MINUTES

Les surgelés

8 filets de rouget barbet cinnabare
1 sachet de 2 demi-baguettes rustiques

Chez l'épicier

4 c. à c. de tapenade
1 dose de safran en poudre
2 c. à s. d'huile d'olive
1 c. à s. d'herbes de Provence
1/2 citron

Mélangez l'huile d'olive et le safran le plus tôt possible pour que les saveurs se mélangent.

Préchauffez le four à 210 °C (th. 7) et faites cuire les baguettes comme indiqué sur l'emballage. Retirez-les du four et réglez le thermostat à 270 °C (th. 9).

Ouvrez les baguettes en deux, puis tartinez-les de tapenade. Déposez 2 filets de rouget sur chacune d'elles, badigeonnez d'huile d'olive, salez et poivrez.

Mettez à dorer 10 à 12 minutes dans le haut du four. Saupoudrez d'herbes de Provence et arrosez d'un filet de jus de citron avant de servir bien chaud.

Bagels au tzatziki et saumon mariné

RECETTE RAPIDE

POUR 4 BAGELS
DÉCONGÉLATION : SAUMON MARINÉ
PRÉPARATION 10 MINUTES

Les surgelés

1 sachet de 4 bagels
100 g d'émincés de saumon mariné aux épices douces
4 c. à s. de menthe douce

Chez l'épicier

5 grosses c. à s. de tzatziki
1/2 concombre
4 feuilles de salade (batavia ou laitue)
2 c. à s. de vinaigre de vin blanc
1 c. à s. de sucre roux
sel, poivre

Dans un bol, mélangez la menthe, 1 cuillerée à soupe de tzatziki, le vinaigre et le sucre. Salez et poivrez.

Coupez les bagels en deux et faites-les chauffer au grille-pain ou au four.

Tartinez les moitiés de bagels de tzatziki, ajoutez sur chacune d'elles 1 tranche de saumon décongelé, quelques rondelles de concombre et 1 feuille de salade. Terminez avec la sauce à la menthe.

Fruits de mer marinés

RECETTE RAPIDE

POUR 4 PERSONNES
PRÉPARATION 5 MINUTES - CUISSON 2 MINUTES
MARINADE 2 HEURES

Les surgelés

500 g de cocktail de 4 fruits de mer
2 c. à s. d'échalote
1/2 c. à s. d'ail
1 c. à s. d'aneth

Chez l'épicier

2 c. à s. de jus de citron
5 c. à s. d'huile d'olive
sel, poivre

Décongelez les fruits de mer en les faisant cuire 2 minutes à la vapeur.

Dans un saladier, mélangez le jus de citron, l'huile d'olive, l'échalote, l'ail et l'aneth, puis ajoutez les fruits de mer bien égouttés. Salez, poivrez, mélangez bien et laissez mariner 2 heures au réfrigérateur.

Servez à l'apéritif avec des piques en bois.

Bagels au tzatziki et saumon mariné

Fruits de mer marinés

Guacamole d'artichauts à l'orange

Recette EXPRESS MICRO-ONDES

POUR 6 PERSONNES
SANS DÉCONGÉLATION
PRÉPARATION 10 MINUTES - CUISSON 12 MINUTES

Les surgelés

300 g de fonds d'artichauts
3 c. à s. de coriandre
2 c. à s. de jus d'orange sanguine pressée

Chez l'épicier

5 à 10 g d'épices pour guacamole
2 c. à s. d'huile d'olive

Mettez les artichauts dans un plat creux, ajoutez 1/2 verre d'eau, couvrez et faites cuire 12 minutes au micro-ondes (750 watts). Mixez les artichauts avec l'eau de cuisson, le jus d'orange et la coriandre. Ajoutez les épices pour guacamole et l'huile d'olive. Remuez bien. Servez frais avec des légumes crus : bâtonnets de carottes, de courgettes, de céleri branche et des fleurettes émincées de choux-fleurs.

Sandwichs au haddock et pomme golden

RECETTE RAPIDE

POUR 6 SANDWICHS
SANS DÉCONGÉLATION
PRÉPARATION 10 MINUTES - CUISSON 5 MINUTES

Les surgelés

1 sachet de 6 ciabattina
150 g de filet de haddock
2 c. à s. de ciboulette

Chez l'épicier

15 cl de lait, 100 g de fromage blanc 0%
1 c. à s. de jus de citron
1 pomme Golden
sel, poivre

Faites réchauffer les ciabattina comme indiqué sur l'emballage. Déposez les filets de haddock dans une casserole avec le lait et 15 cl d'eau, portez à ébullition et laissez cuire 2 minutes après la reprise de l'ébullition. Dans un bol, mélangez le fromage blanc, la ciboulette et le jus de citron. Salez et poivrez. Réservez. Retirez la peau des filets de haddock et coupez-les en trois. Épluchez la pomme et coupez-la en fines tranches. Ouvrez les ciabattina et tartinez-les de fromage blanc. Garnissez-les de haddock, puis de tranches de pommes. Fermez les sandwichs.

Ciabattina au carpaccio de bœuf

POUR 6 SANDWICHS
DÉCONGÉLATION : CARPACCIO
PRÉPARATION 10 MINUTES - CUISSON 5 MINUTES

Les surgelés

1 sachet de 6 ciabattina
190 g de carpaccio de bœuf
12 tomates confites

Chez l'épicier

100 g de roquette
6 c. à c. de pesto
1 morceau de vieux parmesan
sel, poivre

Préchauffez le four à 210 °C (th. 7). Laissez décongeler le carpaccio et faites-le mariner dans sa sauce. Lavez et égouttez la roquette. À l'aide d'un couteau économe, préparez des copeaux de parmesan. Faites réchauffer les ciabattina 5 à 6 minutes au four, puis ouvrez-les en deux. Tartinez chaque tranche du dessous avec 1 cuillerée à café de pesto, puis garnissez avec quelques feuilles de roquette, 3 à 4 tranches de carpaccio, 2 tomates confites et des copeaux de parmesan. Salez et poivrez. Fermez les sandwichs avec les autres moitiés de ciabattina.

Tartines de fenouil au chèvre et figues

POUR 4 PERSONNES
DÉCONGÉLATION : FIGUES
PRÉPARATION 10 MINUTES - CUISSON 25 MINUTES

Les surgelés

250 g de cœurs de fenouil
8 quartiers de figues

Chez l'épicier

4 c. à s. d'huile d'olive
1/2 c. à c. de cannelle moulue
2 crottins de Chavignol (pas trop secs)
4 tranches fines de pain de campagne
sel, poivre

Faites cuire les cœurs de fenouils 15 minutes dans l'eau bouillante salée et égouttez-les. Allumez le gril du four. Coupez les quartiers de figues en deux. Séparez les lamelles de fenouil et faites-les sauter avec 2 cuillerées à soupe d'huile d'olive et la cannelle. Salez et poivrez. Coupez les crottins de Chavignol en 4 rondelles. Huilez légèrement les tranches de pain et faites-les dorer sous le gril, d'un seul côté. Alternez sur le pain les lamelles de fenouil, les rondelles de chèvre et les quartiers de figues. Arrosez avec le reste d'huile et passez 5 minutes sous le gril.

Entrées

Verrines d'artichauts aux agrumes et crevettes

POUR 4 PERSONNES
DÉCONGÉLATION : CREVETTES
PRÉPARATION 15 MINUTES • CUISSON 10 MINUTES

Les surgelés

8 fonds d'artichauts
100 g de crevettes cuites décortiquées (65-85 pièces / 200 g)
400 g de salade d'agrumes
3 c. à s. à soupe d'aneth
1/2 c. à s. de gingembre

Chez l'épicier

5 cl de jus de pamplemousse
3 c. à s. d'huile d'olive
sel, poivre

Faites décongeler les crevettes dans le jus de pamplemousse mélangé avec 1 cuillerée à soupe d'huile d'olive, du sel et du poivre.

Dans un saladier, mélangez la salade d'agrumes, l'aneth, le gingembre et le reste d'huile. Salez et poivrez.

Plongez les fonds d'artichauts dans l'eau bouillante salée pendant 10 minutes puis égouttez-les. Une fois refroidis, découpez-les en petits dés.

Préparez quatre verres et disposez dedans en couches successives la salade d'agrumes, les petits dés d'artichauts et, pour terminer, les crevettes marinées. Servez froid.

Soufflés de Saint-Jacques au safran

RECETTE RAPIDE

POUR 6 PERSONNES
DÉCONGÉLATION : NOIX DE SAINT-JACQUES
PRÉPARATION 10 MINUTES • CUISSON 6 MINUTES

Les surgelés

300 g de noix de Saint-Jacques Argentine sans corail
200 g de sauce crustacés
50 g d'échalote

Chez l'épicier

2 œufs
3 c. à s. de crème liquide allégée
1 dose de safran
sel, poivre

Laissez décongeler les noix de Saint-Jacques 2 heures dans un mélange d'eau et de lait. Égouttez-les bien et mixez-les avec la crème, les jaunes d'œufs, l'échalote, le safran, sel et poivre. Fouettez les blancs en neige pas trop ferme et incorporez-les au mélange. Répartissez la préparation dans six ramequins. Faites-la cuire 3 minutes au micro-ondes (750 watts), laissez-la reposer 2 minutes et poursuivez la cuisson encore 3 minutes. Laissez retomber les soufflés 3 minutes avant de les servir avec la sauce crustacés réchauffée au micro-ondes.

Flans d'asperges au parmesan

POUR 6 PERSONNES
SANS DÉCONGÉLATION
PRÉPARATION 10 MINUTES • CUISSON 48 MINUTES

Les surgelés

600 g d'asperges vertes
2 c. à s. de ciboulette
200 g de sauce hollandaise

Chez l'épicier

20 cl de crème légère
50 g de parmesan râpé
4 œufs
sel, poivre

Préchauffez le four à 150 °C (th. 5). Faites cuire les asperges vertes 8 minutes dans l'eau bouillante. Égouttez-les. Réservez les pointes pour la décoration. Mixez le reste des asperges avec la crème légère, ajoutez le parmesan, les œufs battus, salez très légèrement, poivrez et incorporez la ciboulette. Versez le mélange dans six petits ramequins beurrés et faites cuire 40 minutes au four, dans un bain-marie. Laissez refroidir dans le bain-marie, démoulez et servez avec la sauce hollandaise et les pointes d'asperges.

Hoummous de fèves

RECETTE RAPIDE

POUR 4 PERSONNES
SANS DÉCONGÉLATION
PRÉPARATION 5 MINUTES • CUISSON 4 MINUTES

Les surgelés

450 g de fèves pelées
2 c. à s. de persil
1 c. à s. d'ail

Chez l'épicier

6 c. à s. d'huile d'olive
25 g de mélange apéritif (cacahuètes, amandes, cajou...)
le jus d'1 citron
sel, poivre

Faites cuire les fèves 4 minutes dans l'eau bouillante salée puis égouttez-les. Concassez le mélange apéritif au couteau. Mixez les fèves avec l'ail, l'huile d'olive et le jus de citron. Salez et poivrez. Ajoutez le mélange apéritif concassé et le persil. Servez avec du pain aux céréales toasté.

Artichauts farcis au crabe

POUR 4 PERSONNES
DÉCONGÉLATION : CHAIR DE CRABE ET TOMATES CONFITES
PRÉPARATION 10 MINUTES • CUISSON 30 MINUTES

Les surgelés

1 boîte de chair de crabe royal du Chili
12 fonds d'artichauts
12 tomates confites
1 c. à s. d'échalote
2 c. à s. de ciboulette

Chez l'épicier

1 tranche de pain de mie, lait
2 c. à s. d'huile d'olive
sel, poivre

Préchauffez le four à 210 °C (th. 7). Dans un grand volume d'eau bouillante salée, faites cuire les fonds d'artichauts pendant 10 minutes. Égouttez-les. Retirez la croûte du pain, déchirez la mie en petits morceaux et faites-la tremper dans un peu de lait. Mélangez la chair de crabe, la mie de pain, l'échalote, la ciboulette et l'huile d'olive. Salez et poivrez. Farcissez les fonds d'artichauts du mélange au crabe et faites-les cuire au four pendant 20 minutes environ. Découpez les tomates confites en lanières et déposez-les sur les artichauts farcis juste avant de servir.

Verrines de guacamole et gaspacho

RECETTE RAPIDE

POUR 6 PERSONNES
DÉCONGÉLATION : CUBES DE TOMATES ET GUACAMOLE
PRÉPARATION 10 MINUTES • SANS CUISSON

Les surgelés

1 litre de sorbet citron vert
250 g de guacamole nature
200 g de cubes de tomates à l'italienne
1 c. à s. d'ail

Chez l'épicier

1 petit concombre
piment d'Espelette
sel, poivre

Laissez décongeler les cubes de tomates et le guacamole pendant 6 heures au réfrigérateur.

Pelez le concombre, retirez les graines et détaillez la chair en petits dés. Mixez-les avec les cubes de tomates décongelés et l'ail. Salez et poivrez. Réservez au frais.

Répartissez dans six verres à fond plat 1 bonne cuillerée à soupe de guacamole et complétez avec le gaspacho. Déposez dans chaque coupe une boule de sorbet citron vert et saupoudrez d'un peu de piment d'Espelette.

Tout cru

Tartare de Saint-Jacques et d'avocat

RECETTE RAPIDE

POUR 4 PERSONNES
DÉCONGÉLATION : NOIX DE SAINT-JACQUES
PRÉPARATION 10 MINUTES - SANS CUISSON

Les surgelés

400 g de noix de Saint-Jacques Canada
3 c. à s. de coriandre
1 c. à s. de gingembre

Chez l'épicier

1 avocat
le jus de 1 1/2 citron vert
3 c. à s. d'huile de noisette
fleur de sel
grains de cumin

Mélangez le jus de citron vert avec l'huile de noisette, la coriandre, le gingembre. Salez.

Coupez les noix de Saint-Jacques décongelées en petits dés et faites-les mariner dans cette sauce pendant 1 heure.

Détaillez l'avocat en petits dés de la même taille que les Saint-Jacques puis mélangez délicatement aux Saint-Jacques. Parsemez de fleur de sel et de grains de cumin. Servez bien frais.

Tartare aux trois poissons

RECETTE RAPIDE

POUR 4 PERSONNES
DÉCONGÉLATION : MORCEAUX DE POISSONS
PRÉPARATION 10 MINUTES - SANS CUISSON

Les surgelés

600 g de morceaux choisis de poissons nordiques
1 c. à s. de ciboulette
2 c. à s. d'huile d'olive
2 c. à c. de gingembre

Chez l'épicier

1 jaune d'œuf
2 c. à c. de jus de citron vert
1/2 c. à c. de moutarde forte
sel, poivre

Coupez les poissons décongelés en petits dés.

Mélangez-les avec tous les ingrédients sauf le citron et laissez reposer quelques minutes.

Ajoutez le citron, remuez et servez immédiatement.

Tartare de Saint-Jacques et d'avocat

Tartare aux trois poissons

Carpaccio de thon aux courgettes et pignons grillés

POUR 6 PERSONNES
DÉCONGÉLATION : STEAKS DE THON GERMON ET COURGETTES EN RONDELLES
PRÉPARATION 15 MINUTES - CUISSON 10 MINUTES

Les surgelés

2 steaks de thon Germon
150 g de courgettes en rondelles
2 c. à s. de thym

Chez l'épicier

5 c. à s. d'huile d'olive
le jus de 1/2 citron
50 g de pignons
fleur de sel
poivre

Dans un bol, mélangez 3 cuillerées à soupe d'huile d'olive, le thym et le jus de citron. Badigeonnez 4 assiettes au pinceau avec un peu de cette sauce.

Coupez le thon en lamelles de 1/2 cm d'épaisseur, répartissez-les sur les assiettes et réservez au frais.

Coupez les rondelles de courgettes en quatre. Faites chauffer le reste d'huile dans une poêle et laissez revenir pendant 10 minutes à feu assez vif les courgettes avec 50 g de pignons. Salez et poivrez.

Arrosez le thon avec le reste de sauce. Saupoudrez-le d'un peu de fleur de sel et poivrez. Versez les dés de courgettes sur le thon et servez sans attendre.

Tartare de bœuf et brocolis fondants

POUR 6 PERSONNES
DÉCONGÉLATION : PAVÉS DE BŒUF
PRÉPARATION 20 MINUTES - CUISSON 8 MINUTES
RÉFRIGÉRATION 2 HEURES

Les surgelés

4 pavés de bœuf marinés aux 3 poivres
450 g de fleurettes de brocolis
2 c. à s. d'échalote
2 c. à s. de ciboulette

Chez l'épicier

4 c. à s. d'huile d'olive
1 c. à s. de vinaigre de vin
1 c. à s. de jus de citron
mélange aux 4 poivres

Dans une casserole d'eau bouillante salée, faites cuire les fleurettes de brocolis 8 minutes puis égouttez-les.

À l'aide d'un couteau, hachez grossièrement la viande, puis ajoutez l'échalote, la ciboulette, 2 cuillerées à soupe d'huile d'olive et le vinaigre. Réservez au frais.

Écrasez le brocoli à la fourchette et incorporez l'huile d'olive restante et le jus de citron.

Dans 4 ramequins tapissés de film étirable, répartissez le tartare de viande, puis l'écrasée de brocolis et réservez au frais 2 heures. Retournez dans les assiettes et servez assaisonné de mélange aux 4 poivres.

Carpaccio de thon aux courgettes et pignons grillés

Tartare de bœuf et brocolis fondants

Steaks de thon façon tataki

RECETTE RAPIDE

POUR 4 PERSONNES
DÉCONGÉLATION : STEAKS DE THON
PRÉPARATION 10 MINUTES • CUISSON 5 MINUTES

Les surgelés

4 steaks de thon albacore
4 c. à s. de ciboulette

Chez l'épicier

4 c. à s. d'huile d'olive
4 c. à s. de graines de sésame blanc ou noir ou un mélange des deux
1 c. à s. de sauce de soja
2 c. à s. de jus de citron

Faites décongeler le thon 4 heures au réfrigérateur.

Versez les graines de sésame dans une assiette plate et retournez les steaks de thon dedans pour les enrober complètement. Faites chauffer une poêle anti-adhésive avec 1 cuillerée à soupe d'huile d'olive, jusqu'à ce qu'elle soit fumante, et saisissez très rapidement les steaks de thon. Ceux-ci doivent rester crus à l'intérieur. Réservez-les sur une planche à découper.

Mélangez le reste de l'huile, la ciboulette, la sauce de soja et le jus de citron. Découpez les steaks de thon en tranches de 5 mm et servez-les aussitôt en les nappant de sauce.

Tartare aux herbes et tomates confites

RECETTE RAPIDE

POUR 6 PERSONNES
DÉCONGÉLATION : BIFTECKS HACHÉS ET TOMATES CONFITES
PRÉPARATION 10 MINUTES • SANS CUISSON

Les surgelés

6 biftecks hachés de Charolais non compressés
100 g de tomates confites
1 boîte d'échalote
1 boîte de basilic
1/2 boîte de persil
2 c. à s. de coriandre

Chez l'épicier

2 jaunes d'œufs
3 c. à s. d'huile d'olive
1 c. à s. de moutarde au vinaigre balsamique
1 c. à s. de ketchup
1 c. à s. de câpres au vinaigre
sel, poivre

Laissez décongeler les biftecks hachés 10 heures au réfrigérateur.

Ajoutez ensuite les tomates confites décongelées et coupées en deux, les jaunes d'œufs, l'échalote, le basilic, le persil, la coriandre, l'huile d'olive, la moutarde, le ketchup et les câpres. Remuez bien. Salez et poivrez à votre goût.

Accompagnez de palets de légumes ou de frites.

Tartare de crevettes au gingembre

RECETTE RAPIDE

POUR 4 PERSONNES
DÉCONGÉLATION : CREVETTES
PRÉPARATION 10 MINUTES • SANS CUISSON

Les surgelés

250 g de queues de crevettes crues décortiquées
1 c. à s. de ciboulette
1/2 c. à s. de gingembre

Chez l'épicier

1 c. à s. de nuoc-mâm
1 c. à s. de jus de citron
1/2 c. à s. de sucre roux
1/2 c. à s. d'huile de sésame

Faites décongeler les queues de crevettes 6 heures au réfrigérateur. Décortiquez-les puis hachez la chair en petits dés.

Dans un grand bol, mélangez tous les ingrédients sauf la ciboulette. Ajoutez les crevettes. Remuez.

Laissez reposer 15 minutes au frais (pas plus sinon les crevettes vont cuire). Incorporez la ciboulette avant de servir.

Tartare aux herbes et tomates confites

Tartare de crevettes au gingembre

Sashimi de saumon gravlak

POUR 6 PERSONNES
DÉCONGÉLATION : PAVÉS DE SAUMON
PRÉPARATION 10 MINUTES • SANS CUISSON

Les surgelés

4 pavés de saumon Atlantique
4 petits pains de campagne
1 1/2 boîte d'aneth

Chez l'épicier

2 c. à s. de gros sel
2 c. à s. de sucre en poudre + 30 g pour la sauce
1/2 c. à s. de poivre noir en grains
1/2 pot de moutarde au vinaigre balsamique
3 c. à s. de vinaigre de cidre
3 c. à s. de mayonnaise
poivre blanc

Faites décongeler les pavés de saumon 6 heures au réfrigérateur (ou 4 minutes au micro-ondes).

Pour la marinade, mélangez le gros sel, 2 cuillerées à soupe de sucre et le poivre noir en grains avec 1 boîte d'aneth. Frottez-en les pavés de saumon en pressant bien.

Déposez 2 pavés côté chair vers le haut sur une longue bande de film alimentaire et recouvrez-les avec les pavés restants, comme pour reconstituer le poisson. Rabattez le film en formant un paquet bien serré. Posez-le dans un plat et laissez mariner 10 heures au frais, en le retournant une fois. Retirez le film alimentaire et rincez rapidement les pavés.

Découpez le saumon en lamelles de 5 mm, comme des sashimi.

Avant de servir, préparez la sauce : fouettez ensemble la moutarde, le reste du sucre et la mayonnaise. Ajoutez le vinaigre, l'aneth restant et poivrez.

Servez avec du pain de campagne grillé.

Carpaccio de lotte au fenouil

RECETTE RAPIDE

POUR 4 PERSONNES
SANS DÉCONGÉLATION
PRÉPARATION 20 MINUTES • SANS CUISSON

Les surgelés

2 filets de lotte du Cap
450 g de cœurs de fenouil
100 g de poivrons verts et rouges en dés
1 c. à s. de gingembre
1 c. à s. de basilic
1 c. à s. d'échalote
1 c. à c. d'ail

Chez l'épicier

6 c. à s. d'huile d'olive
le jus d'1 citron, sel, poivre

Sortez la lotte et le fenouil 30 minutes à température ambiante avant de les couper en tranches fines. Mélangez l'huile, le jus de citron, l'ail, le gingembre, l'échalote, sel et poivre. Répartissez la moitié de cette marinade sur quatre assiettes plates, déposez dessus les tranches de lotte, salez-les et retournez-les. Mélangez le fenouil avec le reste de marinade, les poivrons, le basilic, sel et poivre. Réservez au frais pendant 2 heures. Au moment de servir, disposez le fenouil au centre des assiettes.

Fleurs de Saint-Jacques et artichauts en carpaccio

RECETTE RAPIDE

POUR 4 PERSONNES
DÉCONGÉLATION : SAINT-JACQUES ET ARTICHAUTS
PRÉPARATION 20 MINUTES • SANS CUISSON

Les surgelés

400 g de noix de Saint-Jacques Canada sans corail
300 g de fonds d'artichauts, 20 g d'échalote
2 c. à s. de ciboulette

Chez l'épicier

4 c. à s. d'huile d'olive
2 c. à s. d'huile de noix
2 c. à s. de vinaigre de framboise
2 c. à s. de baies rouges
1 c. à s. de graines de moutarde
sel, poivre

Préparez la marinade en mélangeant les huiles, le vinaigre, les graines de moutarde, la ciboulette, l'échalote, sel et poivre. Coupez les noix de Saint-Jacques décongelées en trois dans l'épaisseur. Émincez en très fines lamelles les fonds d'artichauts. Disposez un peu de marinade sur les assiettes avant d'étaler les lamelles d'artichauts et les Saint-Jacques de façon à former une rosace. Versez le reste de marinade et saupoudrez de baies rouges écrasées. Avant de servir, laissez mariner 2 heures au réfrigérateur.

Carpaccio d'autruche au foie gras

RECETTE RAPIDE

POUR 4 PERSONNES
DÉCONGÉLATION : PAVÉS D'AUTRUCHE ET SAUCE AU FOIE GRAS
PRÉPARATION 20 MINUTES • SANS CUISSON

Les surgelés

4 pavés d'autruche
4 escalopes de foie gras de canard cru
100 g de sauce au foie gras de canard

Chez l'épicier

1 c. à c. de sauce Worcester
1/2 c. à c. de piment d'Espelette
fleur de sel

Faites décongeler les pavés d'autruche et la sauce au foie gras 2 heures au réfrigérateur. Mélangez la sauce au foie gras avec la sauce Worcester. Découpez les pavés d'autruche en tranches ultra-fines et couvrez-en quatre grandes assiettes plates. Enduisez-les de sauce. Découpez les escalopes de foie gras surgelées en copeaux fins à l'aide d'un couteau économe. Saupoudrez de fleur de sel et de piment. Servez sans attendre.

Saint-Jacques marinées à l'huile de vanille

RECETTE RAPIDE

POUR 4 PERSONNES
DÉCONGÉLATION : TOMATES CONFITES
PRÉPARATION 15 MINUTES • SANS CUISSON

Les surgelés

400 g de noix de Saint-Jacques Canada
50 g de tomates confites

Chez l'épicier

4 c. à s. d'huile d'olive
1 gousse de vanille
2 c. à s. de jus de citron
fleur de sel
sel, poivre

Déglacez les noix de Saint-Jacques et plongez-les 10 minutes dans un mélange d'eau et de lait. Égouttez-les, coupez-les en trois dans l'épaisseur et disposez-les bien à plat sur des assiettes. Mélangez le jus de citron avec l'huile d'olive et la vanille fendue en deux et grattée. Salez et poivrez. Répartissez cette sauce sur les noix de Saint-Jacques et laissez mariner au frais 1 heure. Juste avant de servir, décorez de tomates confites, poivrez et saupoudrez de fleur de sel.

Carpaccio de cabillaud
à la mangue

RECETTE RAPIDE

POUR 4 PERSONNES
DÉCONGÉLATION : CABILLAUD ET MANGUE
PRÉPARATION 10 MINUTES

Les surgelés

4 dos de cabillaud
40 g de mangue
ciboulette

Chez l'épicier

8 c. à s. d'huile d'olive
200 g de mâche
le jus d'1 citron vert
sel, poivre

Laissez décongeler les dos de cabillaud et la mangue 3 ou 4 heures au réfrigérateur (ou 6 minutes au micro-ondes).

Préparez la vinaigrette en mixant la mangue avec l'huile d'olive et le jus de citron. Salez et poivrez puis réservez.

Épongez bien les dos de cabillaud sur du papier absorbant. Sur une planche, à l'aide d'un couteau fin très bien aiguisé, taillez le poisson en fines tranches.

Nappez de vinaigrette à la mangue le fond de quatre assiettes plates (si besoin, utilisez un pinceau alimentaire). Déposez dessus les lamelles de poisson et badigeonnez de nouveau de vinaigrette. Assaisonnez la mâche avec la vinaigrette restante et saupoudrez de ciboulette. Servez en accompagnement du carpaccio.

Soupes

Soupe à la provençale

POUR 4 PERSONNES
SANS DÉCONGÉLATION
PRÉPARATION 20 MINUTES - CUISSON 15 MINUTES

Les surgelés

700 g de ratatouille cuisinée
1 c. à s. de basilic

Mélangez dans une casserole 500 g de ratatouille cuisinée et 50 cl d'eau, portez à ébullition et laissez cuire 15 minutes à feu moyen.

Pendant ce temps, poêlez le reste de ratatouille pendant 5 minutes. Recoupez ensuite les gros morceaux de légumes.

Mixez la soupe et servez avec le basilic et les légumes poêlés.

Velouté glacé de brocolis au cerfeuil

POUR 4 PERSONNES
SANS DÉCONGÉLATION
PRÉPARATION 10 MINUTES - CUISSON 20 MINUTES

Les surgelés

500 g de fleurettes de brocolis
250 g de poireaux en rondelles
150 g d'oignons émincés
20 g de beurre
2 c. à s. de cerfeuil

Chez l'épicier

1 cube de bouillon de volaille
20 cl de crème liquide

Dans une casserole, faites fondre les poireaux et les oignons dans le beurre pendant 5 minutes, sans coloration, ajoutez les fleurettes de brocolis, puis versez 1 litre de bouillon préparé avec le cube. Laissez cuire 15 minutes à petits bouillons. Salez, poivrez, ajoutez la crème, puis le cerfeuil et mixez. Laissez refroidir et placez au réfrigérateur 3 heures au moins. Servez saupoudré de cerfeuil.

Soupe de petites seiches

POUR 4 PERSONNES
DÉCONGÉLATION : PETITES SEICHES
PRÉPARATION 10 MINUTES - CUISSON 26 MINUTES

Les surgelés

500 g de petites seiches
400 g de légumes pour potage
100 g de sauce crustacés

Chez l'épicier

100 g de crème fraîche
piment d'Espelette
sel

Coupez les seiches décongelées en gros morceaux. Faites cuire les légumes pour potage pendant 20 minutes dans 40 cl d'eau bouillante salée. Mixez avec la crème fraîche, assaisonnez de piment d'Espelette, salez. Ajoutez la sauce crustacés et les seiches. Poursuivez la cuisson 6 minutes dès ébullition. Servez immédiatement.

Minestrone de fruits de mer

POUR 4 PERSONNES
SANS DÉCONGÉLATION
PRÉPARATION 5 MINUTES - CUISSON 26 MINUTES

Les surgelés

500 g de mélange de légumes pour minestrone
100 g de cubes de tomates à l'italienne
500 g de cocktail de 4 fruits de mer
2 c. à s. de basilic

Chez l'épicier

2 c. à s. d'huile d'olive
sel, poivre

Dans une casserole contenant 50 cl d'eau bouillante salée, faites cuire les légumes pour minestrone avec les cubes de tomates à l'italienne pendant 25 minutes. Ajoutez ensuite le cocktail de fruits de mer surgelés, l'huile d'olive et le basilic. Portez à ébullition 1 minute, salez, poivrez et mélangez. Servez très chaud.

Soupe de carottes au haddock et gingembre

POUR 4 PERSONNES
DÉCONGÉLATION : HADDOCK
(DANS UN MÉLANGE D'EAU ET DE LAIT) ET JUS D'ORANGE
PRÉPARATION 10 MINUTES - CUISSON 40 MINUTES

Les surgelés

500 g de carottes en rondelles
150 g de filets de haddock
50 g d'oignons hachés
2 c. à s. de coriandre
2 c. à s. de jus d'orange
1 c. à s. de gingembre

Chez l'épicier

2 c. à s. d'huile d'olive

Dans une casserole, faites fondre les oignons dans l'huile d'olive chaude. Ajoutez le gingembre, le jus d'orange, les carottes et remuez. Laissez colorer 3 minutes puis ajoutez 1 litre d'eau froide. Salez et laissez cuire 35 minutes à petits bouillons. Coupez le haddock décongelé en fines lanières et répartissez-le dans les assiettes. Mixez les carottes, rectifiez l'assaisonnement et versez cette soupe dans les assiettes. Décorez avec la coriandre.

Soup'chic de pommes de terre

POUR 4 PERSONNES
SANS DÉCONGÉLATION
PRÉPARATION 15 MINUTES • CUISSON 15 MINUTES

Les surgelés

150 g de morilles
100 g d'échalote
225 g d'écrasée de pommes de terre à la truffe
4 escalopes de foie gras de canard cru

Chez l'épicier

20 g de beurre
1 cube de bouillon de poule

Faites revenir les morilles avec le beurre et l'échalote dans une casserole pendant 7 minutes. Ajoutez l'écrasée de pommes de terre à la truffe, 75 cl d'eau bouillante et le cube de bouillon. Laissez mijoter 5 minutes à couvert.

Pendant ce temps, poêlez les escalopes de foie gras 1 minute 30 sur chaque face. Réservez au chaud.

Versez 2 cuillerées à soupe de graisse de cuisson des escalopes dans la soupe et mixez finement.

Répartissez dans des assiettes creuses. Déposez au centre les escalopes de foie gras et servez sans attendre.

Soupe froide d'asperges aux petites Saint-Jacques

RECETTE RAPIDE

POUR 4 PERSONNES
SANS DÉCONGÉLATION
PRÉPARATION 10 MINUTES • CUISSON 10 MINUTES

Les surgelés

200 g de noix de Saint-Jacques France (*Chlamys opercularis*)
1 c. à s. de coriandre
300 g d'asperges vertes

Chez l'épicier

3 c. à s. d'huile d'olive
1 c. à s. de jus de citron
sel, poivre

Dans une poêle chaude, faites saisir les noix de Saint-Jacques surgelées avec 1 cuillerée à soupe d'huile d'olive, 2 à 3 minutes à feu vif. Saupoudrez de coriandre et laissez refroidir.

Dans une casserole, déposez les asperges vertes et mouillez à hauteur d'eau, laissez cuire 7 minutes. Réservez quelques pointes et mixez le reste avec l'huile d'olive restante, le jus de citron, sel et poivre.

Laissez bien refroidir. Juste avant de servir, ajoutez les Saint-Jacques et décorez avec les pointes d'asperges.

Soupe de marrons aux figues rôties

POUR 4 PERSONNES
SANS DÉCONGÉLATION
PRÉPARATION 15 MINUTES • CUISSON 45 MINUTES

Les surgelés

400 g de marrons
20 quartiers de figues

Chez l'épicier

50 cl de lait
1 c. à s. de jus de citron
1/2 c. à s. de quatre-épices
2 c. à s. d'huile d'olive
2 c. à s. de sucre semoule
1 c. à s. de vinaigre de Xérès
sel, poivre

Mettez dans une casserole les marrons, le lait, du sel et du poivre. Laissez cuire 30 minutes à feu doux. Mixez le mélange avec le jus de citron et le quatre-épices. Réservez au chaud.

Dans le même temps, préchauffez le four à 210 °C (th. 7). Déposez dans un plat les quartiers de figues. Mélangez l'huile d'olive, le sucre et le vinaigre, badigeonnez les figues de cette sauce et enfournez 15 minutes.

Servez la soupe de marrons bien chaude et disposez les figues rôties sur le dessus, nappées d'un peu de leur jus de cuisson.

Soupe froide d'asperges aux petites Saint-Jacques

Soupe de marrons aux figues rôties

Bouillon de cèpes aux ravioles et fondue de foie gras

POUR 4 PERSONNES
SANS DÉCONGÉLATION
PRÉPARATION 15 MINUTES • CUISSON 25 MINUTES

Les surgelés

300 g de jeunes cèpes coupés
4 escalopes de foie gras de canard cru
300 g de ravioles du Dauphiné
1 c. à s. d'ail
2 c. à s. de cerfeuil

Chez l'épicier

1 c. à s. d'huile d'olive
1 bouillon cube
sel, poivre

Faites chauffer l'huile d'olive dans une grande casserole, versez les jeunes cèpes et l'ail et faites-les suer à feu doux en mélangeant de temps en temps. Ajoutez 80 cl d'eau et 1 bouillon cube. Portez à ébullition, écumez la surface puis laissez frémir 15 minutes. Rectifiez l'assaisonnement.

Dans une grande poêle très chaude, faites cuire les escalopes de foie gras de canard 2 minutes de chaque côté.

Plongez les ravioles dans le bouillon et laissez-les cuire 2 minutes. Ajoutez le cerfeuil.

Déposez une escalope de foie gras au fond de chaque assiette à soupe, versez dessus le bouillon brûlant et servez immédiatement.

Salades

Salade de fèves
et calmars au chorizo

RECETTE RAPIDE

POUR 4 PERSONNES
SANS DÉCONGÉLATION
PRÉPARATION 5 MINUTES - CUISSON 2 MINUTES

Les surgelés

450 g de fèves pelées
500 g de têtes et pattes de calmars
5 c. à s. de persil
3 c. à s. d'échalote
1 c. à s. d'ail

Chez l'épicier

2 c. à s. de vinaigre de Xérès
5 c. à s. d'huile d'olive
5 tranches épaisses de chorizo
1 c. à c. de sel
1 c. à c. de piment d'Espelette

Plongez les fèves dans une grande casserole d'eau bouillante. Dès la reprise de l'ébullition, égouttez-les à l'aide d'une écumoire (sans retirer l'eau car vous allez la réutiliser), et placez-les dans une passoire. Rafraîchissez-les sous un jet d'eau fraîche, puis versez-les dans un saladier.

Remettez la casserole sur le feu et, dès que l'eau bout à nouveau, plongez-y les calmars. Laissez cuire 1 minute après la reprise de l'ébullition, puis égouttez-les.

Mélangez-les aux fèves, et ajoutez le persil, l'échalote, l'ail et le chorizo coupé en dés. Assaisonnez avec le vinaigre, l'huile d'olive, le sel et le piment d'Espelette.

Salade de pâtes aux épinards, crevettes et pignons

POUR 4 PERSONNES
DÉCONGÉLATION : CUBES DE TOMATES ET CREVETTES
PRÉPARATION 15 MINUTES - CUISSON 15 MINUTES

Les surgelés

200 g de feuilles d'épinards
150 g de cubes de tomates à l'italienne
200 g de crevettes tropicales cuites décortiquées
2 c. à s. d'échalote
1 c. à s. de persil

Chez l'épicier

200 g de penne
2 c. à s. de jus de citron
5 c. à s. d'huile d'olive
20 g de pignons

Versez 1 cuillerée à soupe d'huile d'olive dans une poêle chaude et faites décongeler les feuilles d'épinards à feu vif jusqu'à évaporation. Laissez refroidir.

Dans une casserole d'eau bouillante salée, faites cuire les penne pendant 8 minutes, égouttez-les et laissez refroidir.

Dans un saladier, mélangez le jus de citron, le reste d'huile d'olive, l'échalote et le persil, puis ajoutez les cubes de tomates, les pâtes, les crevettes recoupées en deux dans la longueur, les épinards et les pignons rôtis. Salez et poivrez.

Mélangez bien et réservez au réfrigérateur 1 heure avant de servir.

Salade de poulet aux figues et pois gourmands

POUR 4 PERSONNES
DÉCONGÉLATION : FIGUES
PRÉPARATION 15 MINUTES - CUISSON 10 MINUTES

Les surgelés

2 escalopes de poulet
400 g de pois gourmands
200 g de figues en quartiers
20 g d'échalote
2 c. à s. de basilic

Chez l'épicier

2 c. à s. de crème de cassis
5 c. à s. d'huile d'olive
1 c. à s. de vinaigre de framboise

Dans une poêle chaude, faites dorer les escalopes de poulet 10 minutes dans 1 cuillerée à soupe d'huile d'olive, en les retournant à mi-cuisson. Salez, poivrez et réservez.

Faites cuire les pois gourmands 3 minutes dans de l'eau bouillante salée, égouttez-les et rafraîchissez-les.

Préparez une vinaigrette avec l'huile d'olive restante, la crème de cassis, le vinaigre de framboise, l'échalote et le basilic.

Coupez les escalopes en fines lanières et mélangez-les aux pois gourmands et aux figues recoupées en deux. Dressez sur assiette et assaisonnez de vinaigrette.

Salade de pâtes aux épinards, crevettes et pignons

Salade de poulet aux figues et pois gourmands

Salade de marrons aux lardons

POUR 4 PERSONNES
SANS DÉCONGÉLATION
PRÉPARATION 10 MINUTES - CUISSON 15 MINUTES

Les surgelés

500 g de marrons
2 c. à s. d'échalote, ciboulette

Chez l'épicier

100 g de lardons fumés
10 cl de vin blanc
2 c. à s. d'huile de noix
1 c. à s. de vinaigre de vin
pousses de roquette (ou mesclun)
sel, poivre

Dans une casserole, portez à ébullition 50 cl d'eau salée et le vin blanc. Ajoutez les marrons et laissez cuire à couvert jusqu'à évaporation du liquide (10 minutes environ). Pendant ce temps, faites rissoler les lardons dans une poêle sans matière grasse. Placez les marrons dans un saladier, ajoutez les lardons et leur huile. Préparez une vinaigrette en mélangeant dans un bol l'échalote, l'huile de noix, le vinaigre de vin, sel et poivre. Versez sur la salade, décorez de pousses de roquette et saupoudrez de ciboulette. Servez tiède.

Salade de volaille et légumes verts au basilic

Recette EXPRESS MICRO-ONDES

POUR 2 PERSONNES
SANS DÉCONGÉLATION
PRÉPARATION 10 MINUTES - CUISSON 6 MINUTES

Les surgelés

2 escalopes de poulet ou de dindonneau
1 bol de légumes vapeur (brocolis, pois croquants, courgettes grillées, tomates cerises)
1 c. à s. d'échalote
2 c. à s. de basilic

Chez l'épicier

1 c. à s. de vinaigre balsamique
4 c. à s. d'huile d'olive

Badigeonnez les escalopes de volaille surgelées avec la moitié de l'huile d'olive et du basilic, faites-les cuire 2 minutes à couvert au micro-ondes, réservez. Faites cuire les légumes dans leur bol vapeur 4 minutes au micro-ondes, retirez l'opercule et laissez refroidir. Émincez les escalopes en lanières fines et mélangez-les aux légumes. Fouettez dans un bol l'huile restante, le vinaigre balsamique, l'échalote et le basilic restant, versez sur la salade et remuez. Servez frais. Vous pouvez décorer cette recette d'amandes effilées salées et grillées.

Salade de crevettes aux pois gourmands et cœurs d'artichauts

POUR 4 PERSONNES
SANS DÉCONGÉLATION
PRÉPARATION 10 MINUTES - CUISSON 16 MINUTES

Les surgelés

250 g de queues de crevettes crues décortiquées
300 g de cœurs d'artichauts
200 g de pois gourmands
25 g d'échalote, persil haché

Chez l'épicier

6 c. à s. d'huile d'olive
3 c. à s. de vinaigre de framboise
1 c. à s. de jus de citron, sel, poivre

Passez les crevettes sous un filet d'eau froide et égouttez-les. Mélangez l'huile, le vinaigre, le jus de citron et l'échalote, puis versez cette marinade sur les crevettes. Dans un grand volume d'eau bouillante salée, faites cuire séparément les cœurs d'artichauts 9 minutes et les pois gourmands 2 minutes. Dans une poêle, faites saisir les crevettes avec leur marinade 5 minutes. Salez et poivrez, puis sortez-les de la poêle avec une écumoire. Versez la marinade refroidie sur les légumes et mélangez. Avant de servir, répartissez les crevettes sur les légumes et saupoudrez de persil.

Salade de mangues aux calmars

RECETTE RAPIDE

POUR 4 PERSONNES
DÉCONGÉLATION : MANGUES
PRÉPARATION 10 MINUTES - CUISSON 1 MINUTE

Les surgelés

400 g d'anneaux de calmars
450 g de mangues en tranches
2 c. à s. d'échalote
2 c. à s. de coriandre
1 c. à s. de menthe douce

Chez l'épicier

le jus de 1 citron vert
1 piment vert (facultatif)
2 c. à s. de sauce nuoc-mâm

Dans une casserole d'eau bouillante salée, faites cuire les anneaux de calmars 1 minute à compter de la reprise de l'ébullition, puis égouttez-les. Coupez les mangues décongelées en lanières et mettez-les dans un saladier avec les calmars. Mélangez dans un bol le jus de citron vert, le piment vert émincé (facultatif), la sauce nuoc-mâm, l'échalote, la coriandre et la menthe. Assaisonnez les mangues et les calmars avec cette sauce. Remuez délicatement. Servez frais en entrée.

Recette
EXPRESS
MICRO-ONDES

Grande salade façon paella

POUR 8 PERSONNES
DÉCONGÉLATION : TOMATES CONFITES, POULET, CREVETTES ET POIVRONS
PRÉPARATION 15 MINUTES - SANS CUISSON

Les surgelés

1,2 kg de riz basmati cuisiné bio
400 g de bouchées de poulet tikka
200 g de crevettes cuites décortiquées (65-85 pièces)
125 g de poivrons marinés
150 g de tomates confites
50 g d'oignons en cubes
4 c. à s. d'huile d'olive
2 c. à s. d'ail

Chez l'épicier

150 g de chorizo
4 doses de safran
2 c. à s. de vinaigre de Xérès

Mélangez le riz avec le safran et l'ail. Faites tiédir en deux fois au micro-ondes (6 minutes pour 600 g à 900 watts), puis réservez au frais.

Coupez en cubes les poivrons marinés, le poulet tikka et les tomates confites. Tranchez le chorizo en rondelles.

Dans un saladier, mélangez le riz, les oignons, l'huile d'olive, le vinaigre, les crevettes bien égouttées et tous les ingrédients recoupés. Salez, poivrez, mélangez et réservez au frais avant de servir.

Salade de riz au saumon et à l'anis

RECETTE RAPIDE

POUR 4 PERSONNES
SANS DÉCONGÉLATION
PRÉPARATION 10 MINUTES - CUISSON 4 MINUTES

Les surgelés

450 g de riz basmati cuit
200 g de fèves pelées
3 portions de filet de saumon atlantique
150 g de cubes de tomates à l'italienne
2 c. à s. de cerfeuil
1 c. à s. de menthe douce

Chez l'épicier

2 c. à s. de graines d'anis
2 c. à s. de vinaigre de vin
4 c. à s. d'huile d'olive

Dans une casserole d'eau bouillante, faites pocher 2 minutes les portions de saumon dans leur sachet, puis réservez.

Ébouillantez le riz avec les graines d'anis, puis égouttez-le bien. Mélangez-le aux cubes de tomates et au saumon émietté. Ajoutez les herbes, l'huile d'olive et le vinaigre. Salez, poivrez et réservez au frais.

Dans une casserole d'eau bouillante salée, faites cuire les fèves 2 minutes, égouttez-les et rafraîchissez-les. Juste avant de servir, mélangez-les à la salade de riz.

Salade d'agrumes aux crevettes et à la feta

RECETTE RAPIDE

POUR 4 PERSONNES
DÉCONGÉLATION : SALADE D'AGRUMES ET CREVETTES
PRÉPARATION 10 MINUTES - SANS CUISSON

Les surgelés

250 g de salade d'agrumes
1 c. à s. d'échalote
250 g de crevettes nordiques cuites décortiquées (65-85 pièces)
1 c. à s. de menthe douce

Chez l'épicier

3 c. à s. d'huile d'olive
150 g de feta en cubes
60 g d'olives noires dénoyautées
sel, poivre

Laissez décongeler la salade d'agrumes dans une passoire, récupérez le jus et fouettez-le avec l'huile d'olive, l'échalote, le sel et le poivre.

Dans les assiettes, répartissez les crevettes décongelées, les agrumes, la feta et les olives noires. Arrosez de vinaigrette aux agrumes et saupoudrez de menthe.

Salade de riz au saumon et à l'anis

Salade d'agrumes aux crevettes et à la feta

Salade de riz et fruits de mer au curry

POUR 4 PERSONNES
DÉCONGÉLATION : COCKTAIL DE FRUITS DE MER ET RIZ BASMATI
PRÉPARATION 10 MINUTES - CUISSON 4 MINUTES
RÉFRIGÉRATION 1 HEURE

Les surgelés

250 g de cocktail de 4 fruits de mer
200 g de riz basmati cuit
1 sachet vapeur de légumes (petits pois, pois croquants, épinards, brocolis)
1 c. à s. d'aneth

Chez l'épicier

1 c. à s. de curry
2 c. à s. de mayonnaise
1 c. à s. de jus de citron
sel, poivre

Faites cuire le sachet vapeur de légumes au micro-ondes, 4 minutes à 750 watts, puis mettez-le dans un saladier avec les fruits de mer et le riz basmati. Préparez la sauce en mélangeant le curry, la mayonnaise, le jus de citron et l'aneth. Versez sur la salade de riz, salez, poivrez et laissez reposer 1 heure au frais avant de servir.

Salade d'épinards au thon mi-cuit

POUR 4 PERSONNES
DÉCONGÉLATION : TOMATES CONFITES
PRÉPARATION 10 MINUTES - CUISSON 6 MINUTES

Les surgelés

150 g de tomates confites
2 steaks de thon Germon
2 c. à s. d'échalote
2 c. à s. d'herbes pour salade

Chez l'épicier

200 g de pousses d'épinards fraîches
2 c. à s. de jus de citron
6 c. à s. d'huile d'olive
sel, poivre

Recoupez en lanières les tomates confites décongelées. Dans une poêle chaude, saisissez les steaks de thon Germon surgelés 2 à 3 minutes de chaque côté. Salez, poivrez et réservez. Préparez une vinaigrette avec le jus de citron, l'huile d'olive, l'échalote, les herbes pour salade, sel et poivre. Dans un saladier, mélangez les pousses d'épinards fraîches avec les tomates confites, le thon émincé en lamelles et la vinaigrette. Servez aussitôt.

Salade de légumes verts aux herbes

POUR 4 PERSONNES
SANS DÉCONGÉLATION
PRÉPARATION 5 MINUTES - CUISSON 6 MINUTES

Les surgelés

200 g d'asperges vertes
150 g de pois gourmands
100 g de fèves pelées
200 g de haricots verts extra-fins
200 g de fleurettes de brocolis
2 c. à s. d'échalote
3 c. à s. d'herbes pour salade

Chez l'épicier

le jus de 1/2 citron
5 c. à s. d'huile d'olive
1/2 c. à s. de moutarde au basilic

Dans une grande casserole d'eau bouillante salée, faites cuire les haricots verts, les asperges et les brocolis pendant 3 minutes, ajoutez les pois gourmands, les fèves et poursuivez la cuisson encore 3 minutes. Égouttez et rafraîchissez les légumes. Coupez les asperges en deux en ne gardant que les pointes. Dans un saladier, mélangez la moutarde avec le jus de citron, l'huile d'olive, l'échalote et les herbes. Salez, poivrez, ajoutez les légumes, mélangez bien et servez.

Salade tiède de brocolis aux graines de pavot, sésame et tournesol

POUR 4 PERSONNES
SANS DÉCONGÉLATION
PRÉPARATION 5 MINUTES - CUISSON 10 MINUTES

Les surgelés

600 g de fleurettes de brocolis
100 g d'oignons en cubes

Chez l'épicier

1 c. à s. de jus de citron
3 c. à s. d'huile de noix
1 c. à s. de graines de pavot
1 c. à s. de graines de tournesol décortiquées (épiceries diététiques)
1 c. à s. de graines de sésame
1 c. à c. de moutarde
1 c. à c. de sauce soja

Faites cuire les brocolis et les oignons 10 minutes à la vapeur. Pendant ce temps, faites dorer toutes les graines dans une poêle sans matière grasse, en remuant souvent. Préparez la sauce en mélangeant le jus de citron, la sauce soja, la moutarde et l'huile. Salez et poivrez. Avant de servir, recoupez éventuellement les plus grosses fleurettes de brocolis, mélangez-les avec la sauce et couvrez avec les graines chaudes.

Salade de riz thaïe aux crevettes

RECETTE RAPIDE

POUR 6 PERSONNES
SANS DÉCONGÉLATION
PRÉPARATION 10 MINUTES - CUISSON 5 MINUTES
RÉFRIGÉRATION 30 MINUTES

Les surgelés

450 g de riz basmati cuit
200 g de crevettes cuites décortiquées
300 g de petits pois
300 g de fleurettes de brocolis
1/2 boîte de coriandre

Chez l'épicier

15 cl de lait de coco
le zeste haché et le jus de 1 citron vert
1 c. à c. de moutarde au vinaigre balsamique
3 c. à s. de sauce curry
sel, poivre

Sortez le riz du congélateur.

Portez à ébullition une grande casserole d'eau salée et faites-y cuire les petits pois et les brocolis 5 minutes à partir de la reprise de l'ébullition. Égouttez les légumes et rafraîchissez-les.

Dans un grand saladier, fouettez tous les ingrédients de la sauce. Versez-y le riz et les légumes, ajoutez les crevettes, mélangez et laissez reposer 30 minutes au moins avant de servir.

Salade d'artichauts et surimi à la coriandre

RECETTE RAPIDE

POUR 4 PERSONNES
DÉCONGÉLATION : FONDS D'ARTICHAUTS ET SURIMI
PRÉPARATION 10 MINUTES - SANS CUISSON

Les surgelés

200 g de fonds d'artichauts
8 bâtonnets de surimi
25 g d'échalote
2 c. à s. de coriandre

Chez l'épicier

200 g de mesclun
1 avocat
1/2 citron
2 c. à s. de yaourt bulgare 0 %
2 c. à s. de vinaigre balsamique
4 c. à s. d'huile d'olive
1 c. à s. de moutarde de Dijon
sel, poivre

Émincez finement les fonds d'artichauts décongelés avec un couteau économe. Faites-les mariner avec l'échalote, la moitié du vinaigre, la moitié de l'huile, sel et poivre.

Préparez ensuite la vinaigrette en mélangeant le yaourt, le reste de vinaigre et d'huile, la moutarde, la coriandre, le sel et le poivre.

Dans un saladier, mélangez le mesclun avec les artichauts, le surimi et la sauce. Servez frais décoré de lamelles d'avocat légèrement citronnées.

Salade de poulet aux herbes et citron

RECETTE RAPIDE

POUR 4 PERSONNES
DÉCONGÉLATION : ÉMINCÉS D'AIGUILLETTES DE POULET
PRÉPARATION 10 MINUTES - CUISSON 5 MINUTES

Les surgelés

300 g de printanière de légumes bio
300 g d'émincés d'aiguillettes de poulet rôties
2 c. à s. d'aneth
1 c. à s. de persil

Chez l'épicier

2 c. à c. de moutarde au vinaigre balsamique
2 c. à s. rases de câpres égouttées
1 c. à s. d'huile d'olive
3 c. à s. de jus de citron
sel, poivre

Portez à ébullition une grande casserole d'eau salée et faites cuire les légumes 5 minutes dès que vous les avez plongés dans l'eau. Égouttez-les et rafraîchissez-les.

Coupez les aiguillettes de poulet en petits dés de la taille des légumes.

Dans un saladier, mélangez la moutarde, les câpres égouttées, l'aneth, le persil, l'huile d'olive et le jus de citron, salez et poivrez. Ajoutez les légumes et le poulet, puis remuez délicatement. Servez à température ambiante.

Salade d'artichauts et surimi à la coriandre

Salade de poulet aux herbes et citron

Boulghour au poulet et poivrons marinés

RECETTE RAPIDE

POUR 4 PERSONNES
DÉCONGÉLATION : BOULGHOUR, POULET, TOMATES CONFITES ET POIVRONS MARINÉS
PRÉPARATION 10 MINUTES - CUISSON 2 MINUTES

Les surgelés

1 sachet d'émincés d'aiguillettes de poulet rôties
300 g de boulghour cuisiné à l'huile d'olive
50 g de tomates confites
50 g de poivrons marinés
50 g de fèves pelées
50 g d'échalote
2 c. à s. d'herbes pour salade

Chez l'épicier

1 c. à s. de vinaigre de Xérès
2 c. à s. d'huile d'olive
sel, poivre

Dans une casserole d'eau bouillante salée, faites cuire les fèves 2 minutes, puis égouttez-les et rafraîchissez-les.

Recoupez en deux les tomates et les aiguillettes de poulet, détaillez les poivrons en lanières et mélangez le tout au boulghour, avec l'échalote et les herbes.

Fouettez le vinaigre de Xérès et l'huile d'olive, salez et poivrez. Versez la sauce sur la salade avant d'ajouter les fèves. Remuez et réservez au frais.

Salade de roquette aux figues et fromage de brebis

RECETTE RAPIDE

POUR 4 PERSONNES
SANS DÉCONGÉLATION
PRÉPARATION 5 MINUTES - CUISSON 3 MINUTES

Les surgelés

200 g de figues
2 c. à s. de basilic

Chez l'épicier

200 g de roquette,
2 c. à s. d'huile d'olive
1 c. à c. de sucre,
30 g de pistaches
1 c. à c. de vinaigre balsamique
1 c. à c. de vinaigre de Xérès
1 c. à c. de sauce soja
1 c. à s. d'huile de noix
60 g de fromage de brebis affiné (type ossau iraty)

Lavez et séchez la roquette.

Faites chauffer dans une poêle 1 cuillerée à soupe d'huile d'olive et le sucre, puis laissez dorer les figues 3 minutes à feu vif en les retournant deux ou trois fois. Salez, poivrez et laissez tiédir.

Concassez grossièrement les pistaches émondées.

Préparez la vinaigrette en fouettant le vinaigre balsamique, le vinaigre de Xérès, la sauce soja, le reste d'huile d'olive et l'huile de noix.

Assaisonnez la roquette, déposez les figues dessus, ainsi que le fromage de brebis coupé en lamelles. Saupoudrez de basilic et de pistaches. Servez sans attendre.

Salade de pot-au-feu minute

POUR 4 PERSONNES
SANS DÉCONGÉLATION
PRÉPARATION 10 MINUTES - CUISSON 47 MINUTES

Les surgelés

500 g de légumes pour pot-au-feu
2 tournedos de bœuf
persil, coriandre, échalote

Chez l'épicier

1 c. à s. de vinaigre de vin vieux
2 c. à s. d'huile d'olive
cornichons
sel, poivre

Mettez les légumes pour pot-au-feu dans une cocotte, couvrez d'eau à hauteur et laissez-les cuire 45 minutes environ, puis égouttez-les en réservant le bouillon.

Plongez les tournedos surgelés dans le bouillon frémissant et laissez cuire 1 minute après la reprise de l'ébullition. Égouttez. Fouettez le vinaigre de vin et l'huile d'olive, salez et poivrez.

Découpez la viande en tranches de 1/2 cm d'épaisseur. Mélangez-la avec les légumes, saupoudrez de cornichons hachés, de persil, de coriandre et d'échalote. Arrosez de vinaigrette et servez tiède.

Salade de roquette aux figues et fromage de brebis

Salade de pot-au-feu minute

Salade de homard aux agrumes

POUR 4 PERSONNES
DÉCONGÉLATION : HOMARD ET SALADE D'AGRUMES
PRÉPARATION 20 MINUTES • CUISSON 8 MINUTES

Les surgelés

2 homards entiers cuits
350 g de salade d'agrumes
300 g d'asperges vertes
2 c. à s. de mélange d'herbes pour salades
1 c. à s. d'échalote

Chez l'épicier

150 g de mélange de jeunes pousses ou de mesclun
le jus d'1/2 citron vert
3 c. à s. d'huile d'olive
1 c. à s. de vinaigre de Xérès

Faites cuire les asperges vertes 8 minutes dans une grande casserole d'eau bouillante salée. Égouttez-les et rafraîchissez-les. Égouttez la salade d'agrumes.

Préparez une vinaigrette en mélangeant le jus de citron, le vinaigre, l'huile d'olive, l'échalote et les herbes.

Décortiquez les homards et coupez les queues en médaillons. Répartissez sur les assiettes de service les jeunes pousses, les asperges recoupées en trois, les agrumes et le homard. Assaisonnez de vinaigrette et servez.

Salade de fenouil grillé aux agrumes et langoustines

RECETTE RAPIDE

POUR 4 PERSONNES
DÉCONGÉLATION : SALADE D'AGRUMES
PRÉPARATION 10 MINUTES • CUISSON 5 MINUTES

Les surgelés

300 g de queues de langoustines crues
450 g de cœurs de fenouil
750 g de salade d'agrumes
3 c. à s. d'aneth

Chez l'épicier

3 c. à s. d'huile d'olive
sel, poivre

Laissez décongeler la salade d'agrumes 4 heures au réfrigérateur. Sur un gril ou dans une poêle antiadhésive bien chaude, faites griller de tous les côtés les cœurs de fenouil badigeonnés d'huile d'olive. Dans un grand saladier, mélangez-les avec la salade d'agrumes décongelée, l'aneth, l'huile d'olive, sel et poivre. Remuez bien et laissez reposer 10 minutes avant de servir. Servez cette salade avec les queues de langoustines coupées en deux dans la longueur et juste grillées.

Salade de fèves et crevettes à la menthe

RECETTE RAPIDE

POUR 4 PERSONNES
DÉCONGÉLATION : CREVETTES
PRÉPARATION 10 MINUTES • CUISSON 10 MINUTES

Les surgelés

450 g de fèves pelées
400 g de crevettes nordiques cuites décortiquées (65-85 pièces / 200 g)
5 c. à s. de menthe
2 c. à s. d'échalote

Chez l'épicier

1 c. à c. de graines de cumin
2 c. à s. de crème fraîche
4 c. à s. d'huile d'olive
1 citron
sel, poivre

Râpez le zeste d'un demi-citron. Faites chauffer la moitié de l'huile dans une poêle et faites sauter les fèves 3 minutes avec le cumin. Versez 1/2 verre d'eau, salez, poivrez et laissez cuire 7 minutes. Ajoutez l'échalote, le zeste râpé et 1 cuillerée à soupe de jus de citron. Retirez du feu, incorporez 3 cuillerées à soupe de menthe puis disposez les fèves dans un plat. Mélangez dans un saladier la crème fraîche, les crevettes, 2 cuillerées à soupe de jus de citron et le reste d'huile. Salez et poivrez. Mettez le mélange sur les fèves et décorez de menthe.

Salade un peu folle au foie gras

POUR 4 PERSONNES
SANS DÉCONGÉLATION
PRÉPARATION 10 MINUTES • CUISSON 12 MINUTES

Les surgelés

4 escalopes de foie gras de canard cru
600 g de haricots verts très fins
4 tranches de mangue
1 c. à s. de jus d'orange sanguine pressée
1 c. à s. de coriandre

Chez l'épicier

2 c. à s. de vinaigre balsamique
3 c. à s. d'huile d'olive
40 g de cerneaux de noix
sel, poivre

Faites cuire les haricots 7 minutes dans l'eau bouillante salée, égouttez-les et rafraîchissez-les. Mélangez l'huile, le jus d'orange, la coriandre, sel et poivre. Versez sur les haricots et remuez. Poêlez le foie gras 1 minute 30 de chaque côté. Videz une partie de la graisse. Dans la même poêle, poêlez les tranches de mangue. Retirez-les et déglacez la poêle avec le vinaigre. Répartissez les haricots dans les assiettes, puis la mangue coupée en lamelles et enfin les escalopes de foie gras. Salez, poivrez et arrosez du jus déglacé. Décorez de cerneaux de noix.

Salade de langoustines aux artichauts et jambon Serrano

POUR 4 PERSONNES
DÉCONGÉLATION : CŒURS D'ARTICHAUTS
PRÉPARATION 15 MINUTES • CUISSON 8 MINUTES

Les surgelés

450 g de cœurs d'artichauts
450 g de haricots verts extra-fins
300 g de queues de langoustines crues
2 c. à s. d'échalote

Chez l'épicier

4 tranches de jambon Serrano
1 c. à s. de vinaigre de Xérès
4 c. à s. d'huile d'olive
sel, poivre

Faites cuire les haricots 7 minutes à l'eau bouillante salée, égouttez-les et rafraîchissez-les. Plongez les queues de langoustines 1 minute dans l'eau bouillante, égouttez-les et rafraîchissez-les. Décortiquez-les. Dans un saladier, mélangez le vinaigre, l'échalote, 3 cuillerées à soupe d'huile, sel et poivre. Ajoutez les haricots et les artichauts en fines lamelles. Mélangez. Poêlez les queues de langoustines 1 minute dans l'huile restante. Faites griller le jambon dans la même poêle. Déposez les légumes au centre des assiettes et garnissez de jambon et de langoustines.

Salade de Saint-Jacques et homard aux herbes

POUR 4 PERSONNES
DÉCONGÉLATION : HOMARD ET MANGUE
PRÉPARATION 20 MINUTES • CUISSON 7 MINUTES

Les surgelés

2 homards entiers cuits
200 g de noix de Saint-Jacques Canada
200 g de pois gourmands
4 tranches de mangue
2 c. à s. d'échalote
1 c. à s. de ciboulette
1 c. à s. de cerfeuil

Chez l'épicier

150 g de pousses de salade (ou mesclun)
1 orange
4 c. à s. d'huile d'olive
3 c. à s. d'huile de noisette
2 c. à s. de vinaigre de framboise
sel, poivre

Faites décongeler au réfrigérateur les homards pendant 24 heures et les tranches de mangue pendant 3 heures.

Dans une casserole d'eau bouillante salée, faites cuire les pois gourmands 3 minutes, égouttez-les et rafraîchissez-les.

Poêlez les noix de Saint-Jacques à feu vif avec 1 cuillerée à soupe d'huile d'olive, 2 minutes de chaque côté. Salez et poivrez. Réservez.

Décortiquez les homards et coupez les queues en médaillons. Émincez les tranches de mangue en fines lanières et détaillez les Saint-Jacques en trois escalopes.

Pour préparer la sauce, prélevez 3 zestes sur l'orange, blanchissez-les puis mixez-les avec l'huile de noisette, l'huile d'olive restante, le vinaigre de framboise, l'échalote, les herbes, sel et poivre.

Disposez sur les assiettes la mangue, la salade, les Saint-Jacques, le homard et les pois gourmands. Arrosez de sauce et servez sans attendre.

Salade de Saint-Jacques à la lyonnaise

POUR 4 PERSONNES
DÉCONGÉLATION : NOIX DE SAINT-JACQUES ET BRIOCHE
PRÉPARATION 15 MINUTES • CUISSON 10 MINUTES

Les surgelés

400 g de noix de Saint-Jacques Canada
brioche tranchée pur beurre
1 c. à s. d'échalote
1 c. à s. d'ail
1 c. à s. de persil

Chez l'épicier

4 œufs
100 g de lardons fumés
150 g de salade
10 g de beurre
1 c. à s. de moutarde
1 c. à s. de vinaigre balsamique
4 c. à s. d'huile d'olive
sel, poivre

Laissez décongeler les noix de Saint-Jacques 3 h 30 au réfrigérateur puis essuyez-les bien et badigeonnez-les d'huile d'olive. Salez et poivrez.

Découpez 4 tranches de brioche décongelée en petits croûtons et faites-les dorer à la poêle avec le beurre. Réservez-les. Dans la même poêle, faites dorer les lardons fumés.

Dans une grande casserole d'eau bouillante salée et vinaigrée, faites pocher les œufs entiers 3 minutes. Refroidissez-les dans de l'eau glacée et égouttez-les.

Préparez une vinaigrette avec la moutarde, le vinaigre et l'huile d'olive. Salez et poivrez. Versez cette sauce sur la salade, ajoutez l'échalote, l'ail et le persil.

Juste avant de servir, préchauffez un gril et saisissez les noix de Saint-Jacques 3 à 4 minutes en les retournant à mi-cuisson. Répartissez-les autour de la salade et déposez au centre les lardons, les croûtons et les œufs. Servez sans tarder.

Salade de Saint-Jacques et homard aux herbes

Salade de Saint-Jacques à la lyonnaise

Terrines, tartes et cakes salés

Tarte aux épinards et roquefort

POUR 4 PERSONNES
DÉCONGÉLATION : PÂTE FEUILLETÉE
PRÉPARATION 10 MINUTES - CUISSON 35 MINUTES

Les surgelés

1 kg de feuilles d'épinards
1 pâte feuilletée pur beurre pré-étalée

Chez l'épicier

30 g de parmesan râpé
80 g de roquefort
2 œufs
15 cl de crème fraîche
30 g de raisins secs
poivre

Faites cuire 6 minutes à la vapeur (ou 5 minutes au micro-ondes) les feuilles d'épinards. Égouttez-les. Préchauffez le four à 210 °C (th. 7). Étalez la pâte feuilletée dans un moule beurré. Saupoudrez le fond d'une fine couche de parmesan râpé (10 g). Écrasez le roquefort et mélangez-le avec les œufs entiers et la crème fraîche. Poivrez. Ajoutez les feuilles d'épinards et les raisins secs, puis mélangez délicatement. Versez sur le fond de tarte, parsemez le reste du parmesan râpé dessus et faites cuire au four 30 minutes.

Tarte aux champignons des bois et noix

POUR 6 PERSONNES
DÉCONGÉLATION : PÂTE FEUILLETÉE
PRÉPARATION 15 MINUTES - CUISSON 25 MINUTES

Les surgelés

1 pâte feuilletée pur beurre pré-étalée
450 g de mélange tradition (champignons)
200 g de courgettes en rondelles
10 g d'échalote, 10 g d'oignons en cubes
1 c. à s. de ciboulette, 1 c. à c. de coriandre
1 c. à s. d'ail

Chez l'épicier

1 c. à s. d'huile d'olive
10 cl de crème liquide
1 œuf, 20 g de cerneaux de noix, sel, poivre

Faites cuire les courgettes 6 minutes à l'eau bouillante salée, puis égouttez-les. Préchauffez le four à 210 °C (th. 7). Versez l'huile d'olive dans une poêle chaude et faites saisir les champignons à feu vif, avec l'échalote, les oignons, l'ail, la ciboulette. Laissez cuire pendant 12 minutes, puis assaisonnez et réservez. Disposez la pâte avec sa feuille de cuisson dans un moule à tarte, répartissez dessus les champignons tièdes. Dans un saladier, mixez les courgettes avec la crème, l'œuf entier, la coriandre, sel et poivre. Versez ce mélange sur les champignons, répartissez les noix concassées, enfournez à mi-hauteur et laissez cuire 25 minutes.

Torta primavera

POUR 8 PERSONNES
DÉCONGÉLATION : LÉGUMES MARINÉS ET PÂTE BRISÉE
PRÉPARATION 10 MINUTES - CUISSON 35 MINUTES

Les surgelés

2 rouleaux de pâte brisée pré-étalée
750 g de poivrons et artichauts marinés
1 c. à s. de thym

Chez l'épicier

2 œufs entiers + 1 jaune pour dorer
100 g de ricotta
1 grosse c. à s. de parmesan râpé
2 c. à s. d'huile d'olive
sel, poivre

Préchauffez le four à 210 °C (th. 7). Battez les œufs avec la ricotta émiettée et le parmesan. Salez et poivrez, puis ajoutez le thym. Versez sur les légumes décongelés. Dans un grand moule à tarte huilé, déroulez un disque de pâte, répartissez les légumes dessus, tassez légèrement et couvrez avec l'autre disque de pâte en soudant bien les bords. Dorez la pâte en la badigeonnant de jaune d'œuf dilué dans un peu d'huile d'olive, dessinez des losanges avec la pointe d'un couteau, puis incisez une petite cheminée au milieu de la pâte pour que la vapeur puisse s'évacuer. Enfournez et laissez cuire 35 minutes. Servez tiède ou froid.

Tarte express aux aubergines

POUR 6 PERSONNES
DÉCONGÉLATION : PÂTE BRISÉE
PRÉPARATION 5 MINUTES - CUISSON 30 MINUTES

Les surgelés

1 pâte brisée pré-étalée pur beurre
1 gratin d'aubergines (450 g)
1 c. à s. de basilic

Chez l'épicier

25 g de parmesan

Préchauffez le four à 210 °C (th. 7). Étalez la pâte dans un moule avec son papier cuisson, piquez le fond et faites cuire à blanc 10 minutes. Pendant ce temps, faites tiédir le gratin d'aubergines au micro-ondes, puis étalez-le sur la pâte. Répartissez le basilic et le parmesan sur le dessus. Enfournez 20 minutes.

Tarte fine aux légumes grillés

POUR 6 PERSONNES
DÉCONGÉLATION : PÂTE FEUILLETÉE
PRÉPARATION 15 MINUTES - CUISSON 40 MINUTES

Les surgelés

600 g de mélange de légumes grillés
1 pâte feuilletée pur beurre pré-étalée
200 g de tomates en quartiers pelées
200 g d'oignons émincés
1 c. à s. d'ail

Chez l'épicier

2 c. à s. de tapenade
2 c. à s. d'huile d'olive
1 c. à c. d'herbes de Provence

Dans une casserole, faites cuire les tomates avec les oignons et l'ail pendant 15 minutes. Salez et poivrez, puis réservez. Préchauffez le four à 210 °C (th. 7). Étalez la pâte feuilletée sur une plaque à pâtisserie, recouvrez-la de compotée de tomate mélangée à la tapenade. Découpez les aubergines et les poivrons grillés en deux et alternez-les sur toute la surface de la tarte avec les courgettes. Nappez d'huile et saupoudrez d'herbes de Provence. Enfournez 25 minutes.

Pizza au saumon fumé

RECETTE RAPIDE

POUR 4 PERSONNES
DÉCONGÉLATION : SAUMON ET PÂTE À PIZZA
PRÉPARATION 5 MINUTES - CUISSON 10 MINUTES

Les surgelés

4 tranches de saumon fumé
1 pâte à pizza
2 c. à s. d'aneth

Chez l'épicier

200 g de fromage frais
2 c. à s. d'œufs de saumon
huile d'olive, poivre

Préchauffez le four à 240 °C (th. 8). Étalez la pâte à pizza sur une plaque de cuisson, badigeonnez-la d'huile d'olive, piquez-la et faites-la cuire à blanc 10 minutes. Pendant ce temps, mélangez le fromage frais avec l'aneth et les œufs de saumon. Poivrez. Étalez cette préparation sur la pâte en laissant un peu de bord vierge. Répartissez le saumon fumé et servez immédiatement.

Tarte fine aux tomates et oignons confits

POUR 4-6 PERSONNES
DÉCONGÉLATION : PÂTE FEUILLETÉE ET TOMATES CONFITES
PRÉPARATION 10 MINUTES - CUISSON 30 MINUTES

Les surgelés

1 pâte feuilletée pré-étalée
250 g de tomates confites
1 c. à s. de basilic

Chez l'épicier

150 g de confit d'oignons
110 g de tapenade
1 c. à s. de vinaigre balsamique
1 c. à s. de pesto
poivre

Préchauffez le four à 210 °C (th. 7). Étalez la pâte et piquez-la pour la faire cuire à blanc 10 minutes. Mélangez le confit d'oignons avec la tapenade et le vinaigre balsamique. Répartissez cette préparation sur toute la surface de la pâte, déposez ensuite les tomates confites bien à plat, badigeonnez d'un peu de pesto. Saupoudrez de basilic, poivrez et enfournez 20 minutes à la base du four.

Tarte soufflée aux épinards et ricotta

POUR 6-8 PERSONNES
DÉCONGÉLATION : PÂTE FEUILLETÉE
PRÉPARATION 10 MINUTES - CUISSON 35 MINUTES

Les surgelés

300 g d'épinards en feuilles
1 pâte feuilletée pur beurre pré-étalée
1 c. à s. de menthe douce

Chez l'épicier

250 g de ricotta
50 g de parmesan râpé
5 œufs
10 g de beurre
sel, poivre

Préchauffez le four à 180 °C (th. 6). Faites cuire les épinards avec le beurre pendant 10 minutes. Dans un saladier, mélangez les jaunes d'œufs (réservez les blancs) avec la ricotta émiettée, la moitié du parmesan, la menthe et les épinards. Salez et poivrez. Montez les blancs en neige ferme et incorporez-les au mélange. Déroulez la pâte feuilletée avec son papier dans un moule à manqué, versez la garniture. Saupoudrez du reste de parmesan, enfournez et laissez cuire 25 minutes. Servez tiède ou froid.

Cake au fenouil et lardons

POUR 6 PERSONNES
SANS DÉCONGÉLATION
PRÉPARATION 10 MINUTES - CUISSON 1 H 15

Les surgelés

200 g de cœurs de fenouil
1/2 boîte d'échalote

Chez l'épicier

100 g de lardons fumés
10 cl de vin blanc sec
4 œufs
150 g de farine
1 sachet de levure chimique
30 g de parmesan râpé
15 g de beurre
10 cl d'huile d'olive
sel, poivre

Préchauffez le four à 180 °C (th. 6).

Faites dorer les lardons dans une poêle, puis réservez-les. Remplacez-les par les fenouils, arrosez de vin, ajoutez l'échalote, salez, couvrez et laissez cuire jusqu'à réduction complète du liquide. Réservez.

Mélangez la farine, la levure et le parmesan. Ajoutez les œufs battus et l'huile d'olive, puis salez et poivrez. Incorporez le fenouil grossièrement haché et les lardons.

Versez dans un moule à cake beurré et fariné, puis faites cuire 1 heure. Démoulez et consommez tiède ou froid.

Cake au poulet, courgettes et estragon

POUR 6 PERSONNES
DÉCONGÉLATION : AIGUILLETTES DE POULET
PRÉPARATION 15 MINUTES - CUISSON 35 MINUTES

Les surgelés

300 g de courgettes en rondelles
200 g d'aiguillettes de poulet marinées au citron
4 c. à s. d'estragon

Chez l'épicier

3 œufs
150 g de farine
1 sachet de levure chimique
10 cl de lait
100 g de gruyère râpé
10 g de beurre
10 cl d'huile d'olive
sel, poivre

Faites cuire les courgettes 5 minutes dans une casserole d'eau bouillante salée et égouttez-les bien.

Préchauffez le four à 180 °C (th. 6).

Dans un saladier, mélangez les œufs, la farine et la levure. Versez l'huile et le lait en battant au fouet. Ajoutez les aiguillettes de poulet recoupées en deux, les courgettes, l'estragon et le fromage. Salez et poivrez.

Versez dans un moule à cake beurré et enfournez 30 minutes. Laissez refroidir avant de démouler et servez avec une salade verte.

Cake aux trois poissons et poireaux

POUR 6 PERSONNES
DÉCONGÉLATION : MORCEAUX DE POISSONS
PRÉPARATION 10 MINUTES - CUISSON 45 MINUTES

Les surgelés

300 g de morceaux choisis de poissons nordiques
300 g de poireaux en rondelles
3 c. à s. de basilic

Chez l'épicier

4 œufs
10 cl de crème fraîche liquide
2 sachets de levure chimique
150 g de farine
7 c. à s. d'huile d'olive
le jus de 1 citron
1 c. à c. rase de sel, poivre

Versez 2 cuillerées à soupe d'huile dans une casserole et faites étuver les poireaux à feu doux 15 minutes.

Préchauffez le four à 180 °C (th. 6).

Dans un saladier, fouettez les œufs entiers avec la crème, l'huile restante, la levure, la farine, le jus de citron, le sel et le poivre. Incorporez les poireaux, les morceaux de poissons recoupés en deux et le basilic, puis mélangez bien.

Versez cette préparation dans un moule à cake garni d'une feuille de cuisson et enfournez 30 minutes. Servez tiède ou à température ambiante.

Cake au poulet, courgettes et estragon

Cake aux trois poissons et poireaux

Pain aux épinards

POUR 4 PERSONNES
DÉCONGÉLATION : PÂTE À PIZZA
PRÉPARATION 15 MINUTES - CUISSON 35 MINUTES

Les surgelés

200 g de feuilles d'épinards
1 pâton de pâte à pizza (240 g)
1 c. à s. d'ail

Chez l'épicier

2 c. à s. d'huile d'olive
farine complète
sel, poivre

Faites chauffer dans une poêle 1 cuillerée à soupe d'huile d'olive et faites revenir les feuilles d'épinards jusqu'à l'absorption complète du liquide. Salez et poivrez, puis laissez refroidir.

Mélangez les épinards à la pâte en incorporant un peu de farine complète pour la façonner. Formez un pain ovale, saupoudrez-le d'un peu de farine et déposez sur une plaque de cuisson recouverte de papier sulfurisé. Laissez lever 1 heure à température ambiante.

Préchauffez le four à 210 °C (th. 7).

Pratiquez quelques incisions sur le pain, ajoutez sur le dessus 1 cuillerée à soupe d'ail et 1 d'huile d'olive. Enfournez 20 à 25 minutes.

À la sortie du four, saupoudrez très légèrement de farine. Servez ce pain pour accompagner des poissons, du saumon fumé, un plateau de fromages ou encore une volaille rôtie.

Cake de la mer au fenouil

POUR 6 À 8 PERSONNES
DÉCONGÉLATION : FLÉTAN (DANS UN MÉLANGE D'EAU ET DE LAIT)
PRÉPARATION 25 MINUTES - CUISSON 1 H 10

Les surgelés

400 g de filets de flétan
300 g de cœurs de fenouil
300 g de tomates en quartiers pelées
20 g d'échalote

Chez l'épicier

80 g de beurre
200 g de farine pâtissière
2 œufs entiers
1 sachet de levure chimique
1 c. à s. d'herbes de Provence

Confectionnez une pâte à savarin : dans un robot mélangeur, versez la farine, la levure, les œufs, le beurre ramolli, 1 cuillerée à café de sel, la moitié des herbes de Provence, poivrez et battez jusqu'à incorporation complète du beurre.

Dans une poêle avec 1 cuillerée à soupe d'huile d'olive, faites fondre le fenouil 15 minutes à couvert en le retournant à mi-temps, ajoutez les tomates, les herbes restantes, l'échalote et poursuivez la cuisson sans couvrir jusqu'à évaporation complète du liquide. Salez, poivrez et réservez dans un saladier.

Préchauffez le four à 210 °C (th. 7). Beurrez et farinez un moule à cake d'1 litre.

Égouttez le poisson, coupez-le en gros cubes et incorporez à la pâte et aux légumes recoupés en mélangeant bien. Versez dans le moule et enfournez 45 minutes. Servez tiède ou froid.

Tarte aux seiches et mascarpone

POUR 4 PERSONNES
DÉCONGÉLATION : PETITES SEICHES ET PÂTE BRISÉE
PRÉPARATION 10 MINUTES - CUISSON 33 MINUTES

Les surgelés

500 g de petites seiches
100 g d'oignons en cubes
100 g de cubes de tomates à l'italienne
4 c. à s. de basilic
2 c. à s. de thym
100 g de sauce tomate

Chez l'épicier

1 c. à s. de farine
100 g de mascarpone
sel, poivre

Versez 1 cuillerée à soupe d'huile dans une poêle chaude et faites revenir les petites seiches 3 minutes.

Préchauffez le four à 210 °C (th. 7).

Dans une casserole, faites cuire pendant 5 minutes les oignons en cubes avec les tomates à l'italienne, la moitié du basilic et du thym, sel et poivre.

Disposez la pâte dans un moule à tarte, répartissez dessus la préparation aux oignons et tomates, puis enfournez 10 minutes.

Pendant ce temps, émincez les seiches avant de les répartir sur la tarte précuite. Dans une casserole, faites cuire 5 minutes la sauce tomate avec la farine, le mascarpone, le reste du basilic et du thym. Nappez-en les seiches puis enfournez 20 minutes. Servez tiède.

Cake de la mer au fenouil

Tarte aux seiches et mascarpone

Flans d'asperges vertes

Recette EXPRESS MICRO-ONDES

POUR 4 PERSONNES
DÉCONGÉLATION : ASPERGES
PRÉPARATION 10 MINUTES - CUISSON 12 MINUTES

Les surgelés

400 g d'asperges vertes
1 c. à s. de ciboulette

Chez l'épicier

2 œufs
3 c. à s. de crème épaisse
3 c. à s. de lait entier
sel, poivre

Coupez les pointes des asperges et réservez-les. Placez les tiges dans un récipient adapté au micro-ondes, ajoutez le lait et faites cuire 4 minutes à pleine puissance.

Mixez le tout, ajoutez la crème, les œufs battus, du sel, du poivre et la ciboulette.

Versez la crème d'asperges dans les alvéoles d'un moule à muffins en silicone (ou dans des ramequins). Répartissez les pointes d'asperges dans les moules. Faites cuire 5 minutes à 500 watts, laissez reposer et poursuivez la cuisson encore 3 minutes à pleine puissance. Servez tiède, accompagné éventuellement de sauce tomate.

HABITAT

Crumble de petits légumes aux parfums de noix

POUR 4 PERSONNES
SANS DÉCONGÉLATION
PRÉPARATION 15 MINUTES - CUISSON 30 MINUTES

Les surgelés

2 bols de légumes vapeur (brocolis, choux-fleurs, carottes)
1 c. à s. d'estragon

Chez l'épicier

100 g de lardons
50 g de farine complète
50 g de chapelure
50 g de noix
50 g de beurre demi-sel
2 c. à s. d'huile de noix

Préchauffez le four à 210 °C (th. 7).

Mélangez le contenu des bols de légumes avec l'huile de noix, les lardons et l'estragon, poivrez et versez dans un plat à gratin. Enfournez 5 minutes.

Pendant ce temps, mélangez la farine, la chapelure et les noix concassées. Salez et poivrez. Incorporez le beurre en morceaux de façon à obtenir une pâte sableuse.

Retirez les légumes du four et aplatissez-les pour éviter que la pâte ne glisse dans les intervalles. Répartissez la pâte sur le dessus et enfournez. Laissez cuire 25 minutes dans le haut du four.

Crumble gourmand d'artichauts et épinards aux noisettes

POUR 4 PERSONNES
DÉCONGÉLATION : PÂTE BRISÉE ET ÉPINARDS
PRÉPARATION 15 MINUTES - CUISSON 30 MINUTES

Les surgelés

1 pâte brisée pré-étalée pur beurre (250 g)
450 g d'épinards coupés à la crème
300 g de fonds d'artichauts

Chez l'épicier

200 g de sauce au fromage
2 c. à s. de farine
20 g de noisettes finement concassées
1 c. à s. d'huile d'olive

Dans une casserole d'eau bouillante salée, faites cuire les fonds d'artichauts 12 minutes puis égouttez-les.

Préchauffez le four à 210 °C (th. 7).

Déposez les épinards dans un plat à gratin. Émincez les artichauts en lamelles et répartissez-les sur les épinards. Nappez de sauce au fromage.

Dans un saladier, mélangez la pâte brisée avec l'huile, la farine et les noisettes concassées. Égrainez entre les mains. Répartissez cette pâte sur les légumes et enfournez 15 minutes.

Crumble de petits légumes aux parfums de noix

Crumble gourmand d'artichauts et épinards aux noisettes

Terrine de lotte à la sauce vierge

POUR 6 PERSONNES
DÉCONGÉLATION : TOMATES CONFITES ET CUBES DE TOMATES
PRÉPARATION 15 MINUTES • CUISSON 50 MINUTES

Les surgelés

500 g de filets de lotte
1 douzaine de tomates confites
1/2 boîte de basilic
100 g de cubes de tomates à l'italienne

Chez l'épicier

2 c. à s. d'anchoïade
2 c. à s. de crème fraîche épaisse
2 c. à s. de concentré de tomates
4 œufs
le jus d'1 citron
15 cl d'huile d'olive
2 tablettes de court-bouillon
sel, poivre

Préchauffez le four à 180 °C (th. 6).

Portez le court-bouillon à ébullition, placez-y les filets de lotte et laissez cuire 6 minutes après la reprise de l'ébullition. Égouttez le poisson puis émiettez-le.

Fouettez les œufs avec la crème, le concentré de tomates et l'anchoïade. Salez et poivrez puis incorporez les tomates confites décongelées et la chair de lotte. Versez le mélange dans une terrine dont vous aurez préalablement huilé les parois. Faites cuire 45 minutes au four.

Pendant ce temps, mélangez l'huile d'olive, les cubes de tomates, le basilic, le jus de citron, sel et poivre. Servez la terrine tiède ou froide, accompagnée de cette sauce vierge.

Pizza au confit de canard et champignons

POUR 4 PERSONNES
DÉCONGÉLATION : CUISSE DE CANARD ET PÂTE À PIZZA
PRÉPARATION 15 MINUTES • CUISSON 15 MINUTES

Les surgelés

1 pâte à pizza
1 cuisse de canard en confit
300 g de mélange de champignons cuisinés
100 g de sauce aux morilles

Chez l'épicier

20 g de parmesan râpé
1 c. à s. d'huile d'olive
rondelles d'oignons rouges

Laissez décongeler la pâte à pizza et le confit de canard 4 heures au réfrigérateur. Préchauffez le four à 240 °C (th. 8).

Dans une poêle à feu vif, réchauffez les champignons avec l'huile d'olive et la sauce aux morilles pendant 10 minutes. Réservez.

Étalez la pâte à pizza, répartissez dessus les champignons jusqu'à 1 cm du bord et recouvrez de chair de canard effeuillée. Saupoudrez de parmesan, décorez de rondelles d'oignons rouges et enfournez 15 minutes.

Foie gras

Foie gras au pain d'épice

POUR 6 PERSONNES
DÉCONGÉLATION : FOIE GRAS
PRÉPARATION 10 MINUTES • CUISSON 16 MINUTES

Les surgelés

1 foie gras de canard cru du Sud-Ouest (400 g)

Chez l'épicier

2 c. à s. de raisins secs moelleux
4 tranches de pain d'épice
1/2 c. à c. de quatre-épices

Laissez décongeler le foie gras 8 heures au moins en l'assaisonnant comme indiqué sur l'emballage et en ajoutant à cette marinade le quatre-épices. Coupez-le ensuite en trois tranches dans la longueur.

Préparez le montage pour une cuisson à la vapeur : superposez deux carrés de film étirable de 40 cm de côté, déposez au centre et bien à plat un tiers du foie gras, ajoutez 1 cuillerée à soupe de raisins secs et 2 tranches de pain d'épice côte à côte. Renouvelez l'opération une fois et couvrez avec le dernier tiers du foie gras.

Formez ensuite un rouleau bien serré en lui donnant une forme cylindrique régulière d'environ 7 cm de diamètre. Nouez les extrémités et enveloppez-le dans deux couches d'aluminium.

Faites cuire 16 minutes à la vapeur. Laissez refroidir et placez au frais au moins 6 heures avant de servir. Servez avec des tranches de brioche toastées ou du pain de campagne.

Pot-au-feu de foie gras acidulé

POUR 4 PERSONNES
SANS DÉCONGÉLATION
PRÉPARATION 10 MINUTES • CUISSON 50 MINUTES

Les surgelés

700 g de légumes pour pot-au-feu
1 foie gras cru de canard du Sud-Ouest (400 g)
150 g d'échalote
1 c. à c. d'herbes de Provence
10 cl de jus d'orange

Chez l'épicier

3 c. à s. de sucre
8 cl de vinaigre de cidre
50 cl de bouillon de volaille
sel, poivre

Dans une casserole à la dimension du foie gras, versez le sucre et 1 cuillerée à soupe d'eau. Faites cuire à feu doux jusqu'à obtention d'un caramel blond.

Versez le vinaigre de cidre, portez à ébullition puis ajoutez le bouillon, l'échalote, les légumes, les herbes de Provence, sel et poivre (pas trop de sel car le bouillon est déjà salé). Laissez frémir 25 minutes. Baissez le feu et plongez le foie gras cru dans le liquide chaud (mais surtout pas bouillant). Laissez cuire 20 minutes à feu très doux.

Égouttez le foie gras et les légumes et réservez-les au chaud. Versez le jus d'orange dans le jus de cuisson et laissez réduire à feu vif pour obtenir un sirop léger.

Disposez les légumes sur un plat, répartissez dessus le foie gras détaillé en huit escalopes et arrosez de sauce tiède. Servez sans attendre.

Foie gras et cèpes en croûte persillée

POUR 4 PERSONNES
DÉCONGÉLATION : FOIE GRAS ET PÂTE FEUILLETÉE
PRÉPARATION 15 MINUTES • CUISSON 25 MINUTES

Les surgelés

4 escalopes de foie gras de canard cru
300 g de cèpes émincés
1 pâte feuilletée pré-étalée
20 g d'ail
20 g d'échalote
4 c. à s. de persil

Chez l'épicier

1 jaune d'œuf
farine
sel, poivre

Laissez décongeler le foie gras et la pâte feuilletée 4 heures au frais.

Préchauffez le four à 210 °C (th. 7).

Déroulez la pâte feuilletée avec son papier de cuisson sur une plaque. Parsemez-la avec la moitié de l'ail et du persil. Repliez-la en deux et découpez quatre triangles. Badigeonnez le dessus de jaune d'œuf et enfournez 15 minutes.

Pendant ce temps, faites saisir les escalopes de foie gras farinées dans une poêle, 1 minute de chaque côté, puis réservez-les entre deux assiettes.

Dans la même poêle, faites revenir pendant 10 minutes les cèpes avec l'échalote, l'ail et le persil restants. Salez et poivrez. Recoupez chaque feuilletage en deux.

Disposez entre deux couches de pâte une escalope de foie gras et quelques cèpes. Servez sans attendre.

Pot-au-feu de foie gras acidulé

Foie gras et cèpes en croûte persillée

Œufs cocotte aux girolles et foie gras

POUR 6 PERSONNES
SANS DÉCONGÉLATION
PRÉPARATION 10 MINUTES • CUISSON 22 MINUTES

Les surgelés

600 g de girolles
200 g de sauce au foie gras de canard
1 c. à s. de ciboulette

Chez l'épicier

6 œufs
20 g de beurre
poivre

Préchauffez le four à 210 °C (th. 7).

Dans une casserole, mélangez la sauce au foie gras et les girolles. Portez à ébullition puis laissez cuire 12 minutes à feu doux. Ajoutez la ciboulette hors du feu et mélangez.

Répartissez les girolles dans six ramequins à bords hauts légèrement beurrés (réservez quelques cuillerées de sauce). Cassez 1 œuf dans chaque ramequin, couvrez d'une cuillerée de sauce, poivrez légèrement et faites cuire 10 minutes au four dans un bain-marie chaud. Servez immédiatement.

Tartelettes fines aux fruits et foie gras

POUR 4 PERSONNES
SANS DÉCONGÉLATION
PRÉPARATION 10 MINUTES • CUISSON 15 MINUTES

Les surgelés

4 tartelettes fines aux abricots (ou aux pommes)
4 escalopes de foie gras de canard cru
2 c. à s. d'échalote
2 c. à s. de ciboulette

Chez l'épicier

10 g de beurre
10 cl de porto blanc
2 c. à s. de vinaigre de Xérès
sel, poivre

Préchauffez le four à 240 °C (th. 8).

Étalez les tartelettes sur une plaque à pâtisserie et déposez sur chacune une tranche de foie gras. Salez et poivrez. Enfournez 15 minutes à mi-hauteur.

Dans une casserole, faites réduire de moitié le porto avec le vinaigre de Xérès et l'échalote. Sans retirer la casserole du feu, incorporez le beurre au fouet puis la ciboulette. Salez et poivrez.

Versez cette sauce sur les tartelettes à la sortie du four. Servez avec une salade de mesclun à l'huile de noix.

Œufs cocotte aux girolles et foie gras

Tartelettes fines aux fruits et foie gras

Crème brûlée au foie gras

POUR 6 PERSONNES.
DÉCONGÉLATION : FOIE GRAS
PRÉPARATION 10 MINUTES • CUISSON 30 MINUTES

Les surgelés

8 escalopes de foie gras de canard cru

Chez l'épicier

6 jaunes d'œufs
60 g de sucre roux
50 cl de crème liquide
fleur de sel
sel, poivre

Laissez décongeler le foie gras 4 heures au frais.

Préchauffez le four à 100 °C (th. 3-4).

Faites bouillir la crème et mixez-la hors du feu avec le foie gras coupé en morceaux. Ajoutez les jaunes d'œufs, salez et poivrez.

Versez le mélange dans six moules à crème brûlée et faites cuire 30 minutes au four, dans un bain-marie. Laissez refroidir et réservez au réfrigérateur.

Avant de servir, préchauffez le gril du four, répartissez le sucre sur les crèmes, saupoudrez de fleur de sel et faites juste caraméliser le dessus (les crèmes ne doivent pas chauffer). Décorez éventuellement de baies rouges.

Foie gras aux quetsches

POUR 6 PERSONNES
DÉCONGÉLATION : FOIE GRAS
PRÉPARATION 20 MINUTES • CUISSON 35 MINUTES

Les surgelés

1 foie gras de canard cru du Sud-Ouest (400 g)
300 g de quetsches

Chez l'épicier

5 cl de vinaigre de vin de Bordeaux
25 g de sucre en poudre
1 bâton de cannelle
2 c. à s. de porto
sel, poivre

Laissez décongeler le foie gras 24 heures au frais puis assaisonnez-le avec le porto, 2 cuillerées à café rases de sel et 1 cuillerée à café rase de poivre. Laissez mariner 8 heures au réfrigérateur.

Dans une casserole, faites confire les prunes avec le sucre, le vinaigre et la cannelle pendant 20 minutes à feu doux. Laissez refroidir.

Coupez le foie gras en deux dans la longueur. Superposez plusieurs couches de film étirable sur le plan de travail, déposez au centre une moitié de foie gras, étalez dessus les quetsches et finissez avec l'autre moitié de foie gras.

Façonnez un rouleau bien serré, entourez-le de papier aluminium et faites-le cuire à la vapeur 15 minutes. Laissez refroidir et placez au frais. Vous pouvez remplacer les quetsches par des figues, des abricots ou des mirabelles en suivant la même recette.

Crème brûlée au foie gras

Foie gras aux quetsches

Foie gras aux poires

POUR 6 PERSONNES
DÉCONGÉLATION : FOIE GRAS
PRÉPARATION 15 MINUTES • CUISSON 25 MINUTES

Les surgelés

1 foie gras cru de canard du Sud-Ouest (400 g)

Chez l'épicier

2 poires comice
2 c. à s. de porto blanc
1 c. à s. de calvados
2 c. à c. de quatre-épices
20 g de beurre demi-sel
sel, poivre

Faites décongeler le foie gras 12 heures au réfrigérateur puis assaisonnez-le avec 2 cuillerées à café rases de sel, 1 de poivre, 1 de quatre-épices, le calvados et le porto blanc. Laissez mariner 8 heures au réfrigérateur.

Épluchez les poires, retirez les pépins et coupez chaque fruit en huit tranches. Faites fondre le beurre dans une poêle chaude et faites revenir à feu doux les poires sur toutes les faces pendant 20 minutes, sans les laisser dorer. Saupoudrez avec 1 cuillerée à café de quatre-épices, salez et poivrez, laissez refroidir.

Coupez le foie en deux dans la longueur. Superposez plusieurs couches de film étirable sur le plan de travail, déposez au centre une moitié de foie, répartissez les poires dessus et couvrez avec l'autre moitié de foie.

Formez un rouleau serré, entourez-le de papier aluminium et faites cuire 15 minutes à la vapeur. Laissez refroidir et réfrigérez au moins 24 heures avant de servir.

Poissons

Filets de rouget marinés à l'asiatique

POUR 4 PERSONNES
SANS DÉCONGÉLATION
PRÉPARATION 10 MINUTES • CUISSON 15 MINUTES

Les surgelés

500 g de filets de rouget-barbet
500 g de « Cuisine wok asiatique aux légumes »
25 g d'échalote
4 c. à s. de coriandre

Chez l'épicier

10 g de graines de sésame
2 c. à s. de nuoc-mâm
2 c. à s. d'huile de sésame

Préchauffez le four à 240 °C (th. 8).

Dans un plat à four, disposez les filets de rouget côté peau vers le haut. Mélangez le nuoc-mâm, l'huile de sésame et la coriandre puis étalez cette sauce sur les filets. Enfournez 15 minutes.

Pendant ce temps, faites dorer les graines de sésame dans une poêle sèche, réservez-les et faites ensuite réchauffer les légumes wok à l'asiatique avec un peu d'huile et l'échalote pendant 8 minutes.

Servez le poisson et son jus de cuisson avec les légumes saupoudrés de graines de sésame.

Pavés de flétan aux cèpes

POUR 4 PERSONNES
SANS DÉCONGÉLATION
PRÉPARATION 15 MINUTES • CUISSON 25 MINUTES

Les surgelés

4 pavés de flétan
600 g de jeunes cèpes coupés
2 c. à s. de persil
2 c. à c. d'ail

Chez l'épicier

4 tranches fines de jambon Serrano ou de Bayonne
4 feuilles de laurier, 3 c. à s. d'huile
1 c. à c. de piment d'Espelette
sel, poivre

Préchauffez le four à 210 °C (th. 7). Rincez et essuyez les pavés de flétan. Posez sur chacun une feuille de laurier et enveloppez-les d'une tranche de jambon. Saupoudrez de piment d'Espelette. Disposez les pavés dans un plat huilé et faites-les cuire au four 25 minutes. Pendant ce temps, faites sauter les champignons avec l'huile dans une poêle. Quand ils commencent à dorer, salez et poivrez puis ajoutez l'ail et le persil. Mélangez et continuez la cuisson 5 minutes. Servez avec les pavés de flétan.

Pavés de flétan et fenouil à la vanille

POUR 4 PERSONNES
SANS DÉCONGÉLATION
PRÉPARATION 15 MINUTES • CUISSON 15 MINUTES

Les surgelés

4 pavés de flétan
450 g de cœurs de fenouil

Chez l'épicier

5 c. à s. d'huile d'olive
2 sachets de sucre vanillé
le jus d'1 citron
sel, poivre

Faites cuire les cœurs de fenouil 15 minutes dans une casserole avec 500 ml d'eau salée, le sucre vanillé, 2 cuillerées à soupe d'huile d'olive et le jus d'1/2 citron. Égouttez-les en gardant le jus de cuisson. Prélevez-en 10 cl et mixez-le avec 50 g de fenouil. Filtrez ensuite cette sauce. Dans le même temps, badigeonnez les dos de flétan du reste d'huile d'olive et de jus de citron, salez, poivrez et faites-les cuire à la vapeur pendant 15 minutes. Effeuillez les cœurs de fenouil dans les assiettes, déposez le flétan dessus et nappez de sauce chaude.

Églefin poêlé aux asperges et morilles

POUR 4 PERSONNES
DÉCONGÉLATION : ASPERGES VERTES
PRÉPARATION 10 MINUTES • CUISSON 20 MINUTES

Les surgelés

600 g d'asperges vertes
2 c. à s. d'échalote
200 g de morilles
4 dos d'églefin
persil

Chez l'épicier

25 g de beurre
10 cl de vin blanc sec
20 cl de crème légère
sel, poivre

Coupez les asperges décongelées en morceaux. Dans une sauteuse, avec le beurre chaud et l'échalote, faites fondre les morilles 3-4 minutes. Versez le vin blanc sec, laissez réduire puis ajoutez la crème légère, les tronçons d'asperges, sel et poivre. Laissez mijoter 5 minutes. Disposez les filets d'églefin surgelés dans la sauteuse en les recouvrant bien de la préparation. Couvrez et laissez cuire 8 à 10 minutes. Servez saupoudré de persil.

Steaks de thon laqués au vinaigre balsamique

RECETTE RAPIDE

POUR 4 PERSONNES
SANS DÉCONGÉLATION
PRÉPARATION 10 MINUTES • CUISSON 8 MINUTES

Les surgelés

4 steaks de thon germon
2 c. à s. d'ail
450 g d'écrasée de pommes de terre à la truffe
persil

Chez l'épicier

huile d'olive
10 cl de vinaigre balsamique
1 1/2 c. à s. de sucre en poudre
sel, poivre

Badigeonnez d'huile d'olive les steaks de thon surgelés. Dans une poêle bien chaude, faites-les cuire 8 minutes en les retournant à mi-cuisson. En fin de cuisson, ajoutez l'ail, salez et poivrez. Versez le vinaigre dans la poêle et saupoudrez de sucre en poudre. Pendant que le vinaigre s'évapore, retournez les steaks en les enrobant du mélange jusqu'à ce qu'ils aient un aspect « laqué ». Coupez le feu quand la sauce est devenue bien épaisse. Saupoudrez de persil et accompagnez d'écrasée de pommes de terre à la truffe.

Flétan façon crumble aux noix

POUR 4 PERSONNES
DÉCONGÉLATION : PAVÉS DE FLÉTAN
PRÉPARATION 10 MINUTES • CUISSON 20 MINUTES

Les surgelés

4 pavés de flétan
300 g de jeunes cèpes coupés
450 g de poêlée de pommes de terre grenaille
2 c. à s. d'ail
1 c. à s. de persil
3 c. à s. d'herbes pour poisson

Chez l'épicier

100 g de beurre
20 g d'amandes effilées
20 g de cerneaux de noix
1 c. à c. de moutarde à l'ancienne
1 tranche de jambon cru
1 c. à s. d'huile d'olive
sel, poivre

Préchauffez le four à 240 °C (th. 8).

Mélangez le beurre ramolli avec les amandes et les cerneaux de noix concassés, la moutarde, l'ail, le jambon haché et les herbes pour poisson. Réchauffez les pommes grenailles (20 minutes à la poêle ou 15 minutes au four).

Dans une poêle bien chaude, faites cuire les jeunes cèpes avec l'huile d'olive pendant 10 minutes, salez et poivrez puis saupoudrez de persil.

Déposez les pavés de flétan dans un plat, salez et poivrez, étalez le beurre d'herbes dessus et faites cuire 10 minutes au four. Servez avec les pommes grenailles et les cèpes.

Papillotes de cabillaud et riz aux petits légumes

POUR 4 PERSONNES
SANS DÉCONGÉLATION
PRÉPARATION 15 MINUTES • CUISSON 35 MINUTES

Les surgelés

4 dos de cabillaud
600 g de riz basmati cuisiné aux petits légumes
4 c. à s. de persil

Chez l'épicier

4 c. à s. d'huile d'olive
sel, poivre

Préparez 4 feuilles de papier sulfurisé de 40 cm de long. Déposez sur chacune 150 g de riz basmati cuisiné, 1 dos de cabillaud, 1 cuillerée à soupe d'huile d'olive et 1 cuillerée à soupe de persil. Salez et poivrez. Fermez les papillotes en repliant le papier sur le dessus et sur les côtés. Déposez-les sur une assiette et faites-les cuire au micro-ondes 6 minutes par papillote (900 watts). Pour une cuisson au four, comptez 35 minutes à 180 °C (th. 6).

Raviolis ouverts au haddock

RECETTE RAPIDE

POUR 4 PERSONNES
SANS DÉCONGÉLATION
PRÉPARATION 10 MINUTES • CUISSON 6 MINUTES

Les surgelés

150 g de filet de haddock
200 g de julienne de légumes
2 c. à s. de basilic

Chez l'épicier

1/2 litre de lait
2 c. à s. de parmesan râpé
4 c. à s. d'huile d'olive
4 feuilles de lasagnes précuites, poivre

Mettez les lasagnes et le haddock dans une casserole, couvrez avec le lait et 500 ml d'eau. Portez à ébullition et laissez cuire 2 minutes. Égouttez le poisson et laissez les lasagnes 3 minutes dans la casserole. Faites cuire la julienne de légumes 6 minutes au micro-ondes. Dans chaque assiette, étalez 1/2 feuille de lasagne, répartissez dessus les deux tiers des légumes et le poisson effeuillé, saupoudrez de basilic et versez un filet d'huile d'olive. Recouvrez d'1/2 feuille de lasagne, déposez encore un peu de légumes et terminez par un trait d'huile d'olive. Poivrez, saupoudrez de parmesan et servez.

Dos de cabillaud en croûte de noix de pécan

POUR 4 PERSONNES
SANS DÉCONGÉLATION
PRÉPARATION 15 MINUTES • CUISSON 20 MINUTES

Les surgelés

600 g de cœurs d'artichauts coupés
4 dos de cabillaud, 20 g d'échalote

Chez l'épicier

25 g de chapelure, 25 g de noix de pécan
20 g de beurre, 15 g d'emmental râpé
2 c. à s. d'huile d'olive
2 c. à s. de vinaigre balsamique
100 g de sucre roux, sel, poivre

Préchauffez le four à 210 °C (th. 7). Pour la panure, mélangez les noix de pécan concassées avec la chapelure, l'emmental, le beurre ramolli, sel et poivre. Dans un plat à four huilé, déposez les dos de cabillaud, salez et poivrez. Répartissez la panure sur toute la surface. Enfournez 20 minutes à mi-hauteur. Dans une poêle antiadhésive, déposez bien à plat les cœurs d'artichauts, mouillez-les à hauteur d'eau, salez et poivrez. Ajoutez le sucre, le vinaigre, l'échalote et l'huile. Faites cuire 15 minutes à feu vif. Retirez les artichauts et faites réduire le jus de cuisson en le laissant caraméliser. Replacez les artichauts dans la poêle pour les enrober de jus puis servez-les avec le poisson gratiné.

Thon albacore mi-cuit croustillant

RECETTE RAPIDE

POUR 4 PERSONNES
DÉCONGÉLATION : STEAKS DE THON
PRÉPARATION 15 MINUTES • CUISSON 3 MINUTES

Les surgelés

4 steaks de thon albacore

Chez l'épicier

100 g de farine, 1 œuf
4 c. à s. de graines de sésame
4 c. à s. de graines de pavot
1 c. à s. de graines de coriandre
1 c. à s. de graines de cumin
2 c. à s. d'huile de sésame
2 c. à s. de sauce de soja
2 c. à s. de jus de citron vert

Concassez les graines de coriandre. Dans une assiette versez la farine, dans une autre cassez et battez l'œuf, mélangez enfin toutes les graines dans une troisième. Passez successivement les steaks de thon dans la farine, dans l'œuf puis dans le mélange de graines. Faites chauffer l'huile de sésame dans une grande poêle pour faire dorer les steaks de thon 1 minute 30 sur chaque face à feu vif. Retirez-les et coupez-les en lamelles de 2 cm d'épaisseur. Déposez-les dans les assiettes. Déglacez la poêle avec la sauce de soja et le citron vert, arrosez les lamelles du mélange.

Espadon mi-cuit aux fruits exotiques

POUR 4 PERSONNES
DÉCONGÉLATION : TRANCHES D'ESPADON
PRÉPARATION 15 MINUTES • CUISSON 10 MINUTES

Les surgelés

4 tranches d'espadon
750 g de salade de fruits exotiques
300 g de riz basmati cuit
4 c. à s. de ciboulette

Chez l'épicier

1 citron vert
6 c. à s. d'huile d'olive
1 pointe de piment de Cayenne
sel, poivre

Lavez et séchez 1 citron vert. Râpez le zeste puis pressez le fruit. Arrosez les tranches d'espadon avec le jus de citron et 4 cuillerées à soupe d'huile d'olive. Salez et poivrez. Couvrez et laissez mariner au moins 30 minutes.

Dans une grande poêle, chauffez le reste d'huile à feu vif. Égouttez les tranches d'espadon (réservez la marinade) et déposez-les dans la poêle. Laissez cuire 1 minute 30 de chaque côté. Réservez au chaud et remplacez-les par la salade de fruits.

Versez la marinade, ajoutez le zeste râpé, 1 pointe de piment de Cayenne et salez légèrement. Faites cuire 5 minutes à feu vif. Saupoudrez de ciboulette et servez avec le poisson en lamelles épaisses. Accompagnez de riz basmati réchauffé.

Saumon en croûte d'olives et parmesan

POUR 4 PERSONNES
SANS DÉCONGÉLATION
PRÉPARATION 20 MINUTES • CUISSON 25 MINUTES

Les surgelés

4 pavés de saumon Atlantique
250 g de choux romanesco, 250 g de fèves pelées
100 g d'oignons blancs, 20 g d'échalote
2 c. à s. d'aneth

Chez l'épicier

50 g de tapenade
50 g de mozzarella, 50 g de parmesan râpé
10 cl de vinaigre balsamique, 10 cl de vin rouge
3 c. à s. d'huile d'olive
30 g de beurre, sel, poivre

Mouillez les oignons d'eau avec 1 carré de sucre, du sel et 10 g de beurre. Laissez cuire 10 minutes. Plongez les choux 5 minutes dans de l'eau bouillante salée et les fèves 2 minutes puis égouttez. Mixez la mozzarella avec le parmesan, la tapenade, l'aneth, 1 cuillerée à soupe d'huile, sel et poivre. Badigeonnez-en les pavés de saumon et enfournez 15 minutes à 210 °C (th. 7). Faites réduire le vinaigre avec le vin et l'échalote puis incorporez au fouet 20 g de beurre, sel et poivre. Réchauffez les légumes avec le beurre restant et servez avec le saumon et la sauce.

Cabillaud laqué au cacao

POUR 4 PERSONNES
DÉCONGÉLATION : DOS DE CABILLAUD
PRÉPARATION 10 MINUTES • CUISSON 20 MINUTES

Les surgelés

4 dos de cabillaud
600 g de poireaux en rondelles
2 c. à s. d'échalote

Chez l'épicier

100 g de cacao amer, 1/2 verre de vin rouge
2 c. à s. de porto
2 c. à s. de sauce de soja
2 c. à s. d'huile de pépins de raisins
1 c. à c. de cannelle en poudre
30 g de beurre, sel

Salez les dos de cabillaud et passez-les dans le cacao. Faites cuire les poireaux 8 minutes au micro-ondes, salez, saupoudrez de cannelle et mélangez. Poursuivez la cuisson encore 5 minutes, ajoutez le beurre et mélangez de nouveau. Faites chauffer l'huile dans une poêle et faites cuire le cabillaud 5 minutes à feu très doux. Remplacez-le par l'échalote, laissez fondre 3 minutes sur feu moyen. Déglacez la poêle avec le vin, la sauce de soja et le porto. Laissez réduire et passez les dos de cabillaud 3 secondes dans cette sauce pour les laquer. Servez avec les poireaux à la cannelle.

Saumon du Pacifique aux cerises

POUR 4 PERSONNES
DÉCONGÉLATION : PAVÉS DE SAUMON
PRÉPARATION 15 MINUTES • CUISSON 10 MINUTES

Les surgelés

4 pavés de saumon argenté du Pacifique
600 g de purée de pommes de terre bio
200 g de griottes dénoyautées
2 c. à s. de basilic

Chez l'épicier

6 c. à s. d'huile d'olive
30 cl de lait
10 g de beurre
1 c. à c. de Maïzena
noix de muscade, sel, poivre

Laissez décongeler le saumon 6 heures au frais. Faites chauffer 4 cuillerées à soupe d'huile dans une poêle chaude pour faire dorer les pavés de saumon salés et poivrés pendant 10 minutes côté peau. Dans une casserole, versez les griottes, la Maïzena, 1 cuillerée à soupe d'huile, sel et poivre. Mouillez d'eau à mi-hauteur et faites cuire à feu moyen 10 minutes. Ajoutez le basilic et réservez. Réchauffez la purée avec le lait, le reste d'huile, le beurre, noix de muscade, sel et poivre. Servez-la avec le saumon et les griottes.

Pavés de saumon aux fèves, sauce aux agrumes

RECETTE RAPIDE

POUR 2 PERSONNES
SANS DÉCONGÉLATION
PRÉPARATION 10 MINUTES • CUISSON 8 MINUTES

Les surgelés

2 pavés de saumon Atlantique
200 g de salade d'agrumes
100 g de fèves pelées
2 portions de sauce au beurre blanc
1 c. à s. d'aneth

Chez l'épicier

1 c. à s. d'huile d'olive
sel, poivre

Déposez les pavés de saumon dans un plat adapté au micro-ondes. Salez et poivrez. Dans un bol, mélangez la salade d'agrumes, les fèves, l'aneth, l'huile d'olive et 1 pincée de sel. Étalez cette préparation sur les pavés de saumon, couvrez et laissez cuire 6 minutes au micro-ondes, puissance maximale. Disposez les pavés de saumon sur les assiettes de service. Ajoutez la sauce au beurre blanc dans le plat de cuisson, couvrez-la et passez-la 2 minutes au micro-ondes pour la réchauffer. Mélangez bien, salez et poivrez. Servez avec le saumon.

Soles de la mer du Nord aux morilles

POUR 4 PERSONNES
DÉCONGÉLATION : SOLES ET BOULGHOUR
PRÉPARATION 35 MINUTES • CUISSON 25 MINUTES

Les surgelés

4 soles de la mer du Nord
300 g de morilles
300 g de boulghour cuisiné à l'huile d'olive
200 g de sauce aux morilles
20 g d'échalote
2 c. à s. de ciboulette

Chez l'épicier

20 cl de crème fraîche fluide
2 œufs
40 g de beurre
2 c. à s. de Maïzena
sel, poivre

Faites décongeler les soles (dans un mélange d'eau et de lait) et le boulghour 4 heures au réfrigérateur.

Ébarbez le contour des soles à l'aide d'une paire de ciseaux, recoupez au centre et dégagez progressivement l'arête centrale. Salez et poivrez. Déposez les poissons sur la peau, sur une plaque de cuisson garnie d'une feuille de papier sulfurisé graissée.

Dans une poêle chaude avec 20 g de beurre, faites cuire les morilles et l'échalote pendant 5 minutes, ajoutez la moitié de la crème et laissez réduire. Répartissez la moitié des morilles sur les soles. Mélangez le boulghour décongelé avec les morilles restantes recoupées, les œufs, la Maïzena, sel et poivre.

Dans une grande poêle, faites fondre le beurre restant, étalez le boulghour en galette et laissez cuire 5 minutes à feu moyen. Retournez la galette à l'aide d'une assiette plate et poursuivez la cuisson encore 10 minutes. Préchauffez le four à 210 °C (th. 7) et enfournez les soles 15 minutes. Réchauffez la sauce aux morilles. Montez le reste de crème au fouet, ajoutez la ciboulette, salez et poivrez. Coupez la galette en huit triangles et répartissez-la dans les assiettes. Posez dessus une quenelle de crème fouettée. Servez avec les soles nappées de sauce aux morilles.

Pavés de flétan streusel aux amandes et thym

POUR 4 PERSONNES
DÉCONGÉLATION : PAVÉS DE FLÉTAN
PRÉPARATION 15 MINUTES • CUISSON 15 MINUTES

Les surgelés

4 pavés de flétan
600 g de navets en morceaux
50 g d'oignons en cubes
10 g d'échalote
2 c. à s. de gingembre
2 c. à s. de thym
1 c. à s. d'ail
1 c. à s. de coriandre

Chez l'épicier

40 g de beurre
3 c. à s. d'huile d'olive
1 c. à s. de vinaigre balsamique
20 g de farine
20 g d'amandes en poudre
10 g de sucre
1 c. à s. de chapelure
sel, poivre

Laissez décongeler le poisson quelques heures dans un mélange d'eau et de lait.

Déposez les navets dans une poêle avec les oignons, le gingembre, l'ail, le sucre et 20 g de beurre. Salez, poivrez, mouillez juste à hauteur d'eau et faites cuire à feu vif 15 minutes environ pour faire réduire presque tout le liquide.

Préchauffez le four à 240 °C (th. 8).

Préparez le streusel en mélangeant le beurre restant avec la farine, les amandes en poudre, la chapelure, le thym, sel et poivre. Étalez ce mélange sur les pavés de flétan décongelés et enfournez 15 minutes.

Dans un bol, battez le vinaigre et l'huile avec l'échalote et la coriandre. Mixez ensuite cette sauce avec le jus de cuisson du poisson. Servez le poisson arrosé de ce jus avec les navets confits.

Soles de la mer du Nord aux morilles

Pavés de flétan streusel aux amandes et thym

Blanquette de poisson

POUR 4 PERSONNES
SANS DÉCONGÉLATION
PRÉPARATION 10 MINUTES - CUISSON 15 MINUTES

Les surgelés

600 g de morceaux choisis de poissons nordiques
450 g de champignons de Paris émincés
200 g de haricots plats coupés
150 g de petits oignons blancs
10 g d'échalote

Chez l'épicier

100 g de lardons fumés en dés
10 cl de vin blanc sec
10 cl de crème liquide
1/2 c. à c. de Maïzena
2 tablettes de court-bouillon, sel, poivre

Déposez les lardons dans une casserole d'eau froide, portez à ébullition, puis égouttez-les. Dans un faitout, faites réduire 5 minutes environ le vin et l'échalote. Ajoutez les champignons, les oignons, la Maïzena diluée avec la crème, le court-bouillon et faites cuire 5 minutes. Ajoutez le poisson et les lardons, salez très légèrement, poivrez et poursuivez la cuisson 5 minutes à feu moyen et à couvert. Pendant ce temps, faites cuire les haricots 4 minutes à l'eau bouillante salée. Égouttez-les et servez-les avec le poisson en sauce.

Églefin façon haddock au lard et épinards

POUR 4 PERSONNES
SANS DÉCONGÉLATION
PRÉPARATION 15 MINUTES - CUISSON 30 MINUTES

Les surgelés

4 portions de filets d'églefin
250 g d'épinards coupés à la crème
20 g d'échalote

Chez l'épicier

400 g de pommes de terre
100 g de fines tranches de poitrine de porc grillées
50 cl de lait, 2 c. à s. de crème double
1 c. à s. d'huile d'olive, sel, poivre

Épluchez les pommes de terre et faites-les cuire à l'eau bouillante salée. Pendant ce temps, dans une casserole, versez le lait et la crème, ajoutez l'échalote et les tranches de poitrine grillées, portez à ébullition puis retirez du feu. Égouttez le lard. À la place, déposez les portions d'églefin (sans leur sachet), salez très légèrement, poivrez et faites cuire à feu doux 6 minutes. Dans le même temps, faites réchauffer les épinards. Retirez les filets de poisson de la casserole et faites réduire la sauce de moitié. Poêlez à feu vif les tranches de poitrine grillées dans l'huile d'olive pour les rendre croustillantes. Servez l'églefin nappé de sauce, surmonté des tranches de lard et accompagné des épinards et des pommes de terre.

Curry de cabillaud aux petits pois

POUR 4 PERSONNES
SANS DÉCONGÉLATION
PRÉPARATION 15 MINUTES - CUISSON 20 MINUTES

Les surgelés

4 dos de cabillaud
600 g de petits pois
300 g de riz basmati cuit
1 c. à s. de gingembre
1 c. à s. de coriandre
2 c. à c. d'ail

Chez l'épicier

2 boîtes de lait de coco
1 c. à s. rase de curry en poudre
1 c. à s. de graines d'anis
1 pincée de safran

Dans une sauteuse, versez le lait de coco, puis ajoutez l'ail, le gingembre, le safran, le curry et les graines d'anis. Salez et laissez réduire de moitié sur feu vif. Déposez les dos de cabillaud dans la sauteuse, couvrez et laissez pocher 8 minutes. Réservez-les sur une assiette et remplacez-les par les petits pois. Laissez bouillir 5 minutes. Saupoudrez le poisson de coriandre et servez avec les petits pois et le riz basmati réchauffé.

Dos de merlu et ses légumes du soleil

POUR 4 PERSONNES
SANS DÉCONGÉLATION
PRÉPARATION 3 MINUTES - CUISSON 30 MINUTES

Les surgelés

4 dos de merlu
1 kg de ratatouille cuisinée
2 c. à s. de basilic

Chez l'épicier

2 c. à s. d'huile d'olive
sel, poivre

Préchauffez le four à 210 °C (th. 7). Étalez la ratatouille cuisinée dans un plat à four, déposez dessus les dos de merlu blanc, badigeonnez-les d'huile d'olive, salez et poivrez. Saupoudrez de basilic et enfournez 30 minutes. C'est prêt !

Dos de flétan à la crème d'artichaut

POUR 4 PERSONNES
SANS DÉCONGÉLATION
PRÉPARATION 15 MINUTES - CUISSON 28 MINUTES

Les surgelés

4 dos de flétan
300 g de fonds d'artichauts
20 g d'échalote
2 c. à s. de basilic
1 c. à c. d'ail

Chez l'épicier

2 c. à s. d'huile d'olive
15 cl de crème liquide
sel, poivre

Déposez dans un panier vapeur les dos de flétan badigeonnés d'huile d'olive, salez, poivrez et saupoudrez-les de la moitié du basilic. Faites cuire 15 minutes. Dans une casserole d'eau bouillante salée, faites cuire les fonds d'artichauts 12 minutes puis égouttez-les. Pour la sauce, portez à ébullition la crème avec l'échalote, l'ail et 3 petits fonds d'artichauts recoupés en dés. Laissez cuire 10 minutes puis mixez le tout avec le basilic restant, sel et poivre. Émincez les autres fonds d'artichauts en lamelles et servez-les chauds avec le poisson et sa sauce.

Tajine de thon aux petits légumes

POUR 4 PERSONNES
SANS DÉCONGÉLATION
PRÉPARATION 10 MINUTES - CUISSON 30 MINUTES

Les surgelés

4 steaks de thon Germon
1 kg de tajine de légumes cuisiné
2 c. à s. de gingembre

Chez l'épicier

1 c. à s. de cumin en poudre
huile d'olive
sel, poivre

Dans un grand plat à tajine huilé ou dans une poêle anti-adhésive, faites réchauffer à feu moyen le tajine de légumes. Dans un petit bol, mélangez le cumin, le gingembre, le sel et le poivre. Lorsque les légumes sont fondus, déposez dessus les steaks de thon surgelés préalablement badigeonnés d'huile d'olive et saupoudrés du mélange d'aromates. Couvrez et laissez cuire 20 minutes à petit feu. Servez chaud accompagné de semoule cuite.

Cabillaud acidulé

RECETTE RAPIDE

POUR 4 PERSONNES
SANS DÉCONGÉLATION
PRÉPARATION 10 MINUTES - CUISSON 10 MINUTES

Les surgelés

4 dos de cabillaud
400 g de riz basmati cuit
80 g de crevettes cuites décortiquées (115-155)
80 g de melon en billes, 1 c. à s. d'aneth

Chez l'épicier

2 c. à s. de câpres au vinaigre
2 c. à s. de jus de citron
5 c. à s. d'huile d'olive, sel, poivre

Plongez le sachet de crevettes quelques minutes dans un bain d'eau chaude. Coupez les billes de melon en quatre. Poêlez les dos de cabillaud 5 minutes à feu assez vif dans 2 cuillerées à soupe d'huile d'olive. Couvrez et laissez cuire encore 3 minutes à feu doux. Pendant ce temps, mélangez les dés de melon, les crevettes, les câpres rincées, l'aneth, l'huile restante et le jus de citron, salez et poivrez. Déposez le poisson dans les assiettes, versez la préparation crevettes-melon dans la poêle et faites chauffer 1 minute sans bouillir. Nappez-en les dos de cabillaud. Accompagnez de riz basmati poêlé dans un peu d'huile d'olive.

Pot-au-feu de lotte

POUR 4 PERSONNES
SANS DÉCONGÉLATION
PRÉPARATION 45 MINUTES - CUISSON 15 MINUTES

Les surgelés

1 kg de légumes pour pot-au-feu
1 kg de queues de lotte
2 c. à s. d'échalote
1 c. à s. d'ail, 2 c. à s. de persil

Chez l'épicier

250 g de petites pommes de terre épluchées (Charlotte)
3 c. à s. de fumet de poisson en poudre
10 cl de Noilly Prat
sel, poivre

Dans un faitout large, versez 50 cl d'eau, le fumet de poisson, l'échalote, l'ail, le Noilly Prat, un peu de gros sel et portez à ébullition. Versez les légumes pour pot-au-feu et laissez cuire 8 minutes, puis ajoutez les pommes de terre épluchées. Ajoutez enfin les queues de lotte surgelées, salez, poivrez et poursuivez la cuisson 10 minutes à feu moyen. Sortez la lotte pour détacher l'arête centrale, puis remettez-la sur les légumes. Réchauffez 5 minutes. Servez saupoudré de persil. Accompagnez de moutarde à l'ancienne et de fleur de sel.

Roulés de sardine au chèvre et à la menthe

RECETTE RAPIDE

POUR 4 PERSONNES
DÉCONGÉLATION : FILETS DE SARDINE
PRÉPARATION 10 MINUTES - CUISSON 10 MINUTES

Les surgelés

250 g de filets de sardine
1 c. à s. de menthe douce

Chez l'épicier

125 g de fromage de chèvre frais
poivre

Préchauffez le four à 240 °C (th. 8).

Retirez les arêtes des filets de sardine décongelés. Rincez.

Écrasez le fromage de chèvre frais avec la menthe, poivrez et mélangez bien. Répartissez le tout sur les filets de sardine, côté chair.

Roulez ces derniers et maintenez-les avec un pic en bois. Enfournez 10 minutes et servez.

Crustacés
et mollusques

Saint-Jacques poêlées aux lentilles et lardons

RECETTE RAPIDE

POUR 4 PERSONNES
DÉCONGÉLATION : NOIX DE SAINT-JACQUES (DANS UN MÉLANGE D'EAU ET DE LAIT) ET SAUCE AU FOIE GRAS
PRÉPARATION 10 MINUTES - CUISSON 10 MINUTES

Les surgelés

500 g de noix de Saint-Jacques avec corail Chili
450 g de lentilles cuisinées aux lardons,
200 g de sauce au foie gras de canard
2 c. à s. d'échalote

Chez l'épicier

1 c. à s. d'huile d'olive
10 cl de vin blanc sec
10 g de beurre

Égouttez les noix de Saint-Jacques et épongez-les soigneusement.

Dans une poêle chaude, faites réchauffer les lentilles aux lardons 7 minutes.

Dans une autre poêle chaude, faites fondre le beurre avec l'huile d'olive et saisissez les Saint-Jacques bien à plat, à feu vif 1 minute de chaque côté. Réservez et à la place faites réduire de moitié le vin blanc avec l'échalote, puis ajoutez la sauce au foie gras et les Saint-Jacques.

Réchauffez le tout 1 minute. Servez immédiatement.

Brochettes de Saint-Jacques à la mangue et au fenouil

POUR 4 PERSONNES
DÉCONGÉLATION : NOIX DE SAINT-JACQUES, TRANCHES DE MANGUE ET TOMATES CONFITES
PRÉPARATION 20 MINUTES - CUISSON 15 MINUTES

Les surgelés

500 g de noix de Saint-Jacques Chili
4 tranches de mangue
250 g de tomates confites
450 g de cœurs de fenouil
1/2 c. à s. d'aneth

Chez l'épicier

huile d'olive
sel, poivre

Faites cuire les cœurs de fenouil 8 minutes dans de l'eau bouillante, égouttez-les et recoupez les feuilles.

Taillez les tranches de mangue en 6 morceaux.

Préchauffez le four à 240 °C (th. 8).

Pendant ce temps, préparez 4 brochettes en alternant les noix de Saint-Jacques, le fenouil, les tomates confites et les cubes de mangue. Posez-les sur une plaque de cuisson, saupoudrez d'aneth et nappez d'un filet d'huile d'olive. Salez et poivrez.

Enfournez 15 minutes.

Curry de crevettes

POUR 4 PERSONNES
SANS DÉCONGÉLATION
PRÉPARATION 10 MINUTES - CUISSON 20 MINUTES

Les surgelés

250 g de queues de crevettes crues décortiquées
300 g de riz basmati cuit
100 g d'oignons émincés
250 g d'ananas en morceaux
2 c. à s. d'ail, 1 c. à s. de persil
1 c. à s. de gingembre

Chez l'épicier

30 g de beurre
2 c. à s. de poudre de curry
25 cl d'eau, 2 c. à s. de crème fraîche
50 g d'amandes effilées
sel, poivre

Dans une poêle très chaude, faites revenir les crevettes 2 minutes de chaque côté. Réservez sur du papier absorbant.

Faites réchauffer le riz basmati dans une casserole d'eau salée à ébullition.

Faites fondre le beurre dans une sauteuse, versez les oignons, les ananas, l'ail, le persil, le gingembre, la poudre de curry et 25 cl d'eau. Salez, poivrez et laissez mijoter à couvert 6 minutes à feu moyen. Ajoutez la crème fraîche, puis les crevettes et laissez cuire 3 minutes à découvert.

Passez les amandes à la poêle pour les griller légèrement. Égouttez le riz et servez dans les assiettes avec le curry parsemé d'amandes.

Brochettes de Saint-Jacques à la mangue et au fenouil

Curry de crevettes

Saint-Jacques vapeur au gingembre

RECETTE RAPIDE

POUR 4 PERSONNES
DÉCONGÉLATION : NOIX DE SAINT-JACQUES
PRÉPARATION 10 MINUTES • CUISSON 8 MINUTES

Les surgelés

500 g de noix de Saint-Jacques avec corail
150 g d'oignons émincés
2 c. à s. de gingembre

Chez l'épicier

2 c. à s. de vinaigre de Xérès
2 c. à s. de sauce de soja
1 c. à s. d'huile de tournesol
poivre blanc

Décongelez les Saint-Jacques 4 heures dans un mélange d'eau et de lait. Faites chauffer de l'eau dans un cuit-vapeur ou dans une casserole garnie de paniers en bambou.

Mélangez la sauce de soja, le vinaigre et le poivre. Dans une poêle, faites chauffer l'huile à feu très vif et poêlez les noix de Saint-Jacques 30 secondes de chaque côté. Réservez-les et remplacez-les par le gingembre et les oignons. Laissez cuire 5 minutes.

Tapissez les paniers vapeur de papier sulfurisé et déposez les Saint-Jacques dessus. Arrosez de sauce, nappez d'oignons au gingembre, couvrez et laissez cuire 1 à 2 minutes avant de servir.

Saint-Jacques juste poêlées aux herbes et pois gourmands

RECETTE RAPIDE

POUR 4 PERSONNES
DÉCONGÉLATION : NOIX DE SAINT-JACQUES
PRÉPARATION 10 MINUTES • CUISSON 8 MINUTES

Les surgelés

400 g de noix de Saint-Jacques France avec corail (*Pecten maximus*)
600 g de pois gourmands
20 g d'échalote
3 c. à s. d'herbes pour salade

Chez l'épicier

2 c. à s. d'huile d'olive
15 cl de champagne ou de crémant d'Alsace
20 g de beurre
sel, poivre

Laissez décongeler les Saint-Jacques 2 heures dans un mélange d'eau et de lait. Égouttez-les soigneusement.

Dans une casserole d'eau bouillante salée, faites cuire les pois gourmands 3 minutes puis égouttez-les.

Dans une poêle antiadhésive bien chaude, faites saisir les Saint-Jacques 2 minutes de chaque côté avec la moitié du beurre et l'huile d'olive puis réservez-les. Dans la même poêle, versez le champagne (ou le crémant), l'échalote, les herbes et portez à ébullition avec le beurre restant. Salez et poivrez.

Répartissez les pois gourmands et les Saint-Jacques sur les assiettes, nappez de sauce aux herbes et servez sans tarder.

Saint-Jacques vapeur au gingembre

Saint-Jacques juste poêlées aux herbes et pois gourmands

Rouleaux de printemps au crabe

POUR 3 PERSONNES
DÉCONGÉLATION : CHAIR DE CRABE ET JULIENNE DE LÉGUMES
PRÉPARATION 15 MINUTES • CUISSON 10 MINUTES

Les surgelés

1 c. à s. de gingembre
2 c. à s. de coriandre
2 c. à s. de menthe
120 g de chair de crabe royal
250 g de julienne de légumes

Chez l'épicier

2 c. à s. de vinaigre de Xérès
2 c. à s. de nuoc-mâm
1 c. à s. de sucre semoule
50 g de vermicelles chinois
6 grandes feuilles de riz (type Suzi Wan)

Préparez la sauce en mélangeant le vinaigre, le nuoc-mâm, le gingembre et le sucre semoule.

Plongez les vermicelles 2 minutes dans l'eau bouillante et rafraîchissez-les sous l'eau glacée. Mélangez la chair de crabe décongelée et émiettée avec 1 cuillerée à soupe de sauce.

Plongez les feuilles de riz dans un bol d'eau froide et déposez-les sur un linge. Répartissez sur chacune d'elles les vermicelles, la julienne de légumes décongelée, la chair de crabe, la coriandre et la menthe. Formez des rouleaux serrés et emballez-les dans du film alimentaire.

Laissez reposer au frais avant de servir avec la sauce additionnée de 10 cl d'eau froide.

Tempura de crevettes

RECETTE RAPIDE

POUR 4 PERSONNES
SANS DÉCONGÉLATION
PRÉPARATION 15 MINUTES • CUISSON 3 MINUTES

Les surgelés

250 g de queues de crevettes crues décortiquées

Chez l'épicier

80 g de farine de riz
5 c. à s. de sauce pour nems
30 g de noix de coco râpée
30 g de chapelure
huile de friture

Passez les queues de crevettes sous un filet d'eau froide et égouttez-les.

Dans un bol, mélangez la farine de riz avec la sauce pour nems et 3 cuillerées à soupe d'eau.

Dans une assiette, mélangez la noix de coco râpée et la chapelure.

Préparez un bain de friture à 160 °C. Passez les crevettes dans la farine puis dans la panure à la noix de coco et faites-les frire 3 minutes. Égouttez-les sur du papier absorbant et servez sans tarder.

Grosses crevettes rôties au citron et gingembre

POUR 4 PERSONNES
DÉCONGÉLATION : CREVETTES
PRÉPARATION 30 MINUTES • CUISSON 15 MINUTES

Les surgelés

800 g de crevettes crues (10-20 pièces au kg)
50 g de tomates confites
20 g d'échalote
3 c. à s. de gingembre
2 c. à s. d'herbes pour poisson
2 c. à s. d'ail

Chez l'épicier

3 c. à s. d'huile d'olive
2 citrons verts
20 cl de vin blanc
2 étoiles d'anis
5 cl de crème liquide
sel, poivre

Faites décongeler les crevettes 4 heures au frais puis décortiquez-les en gardant la tête et l'extrémité de la queue. Faites-les mariner 4 heures avec l'huile, 2 cuillerées à soupe de gingembre, les herbes pour poisson, l'ail, le zeste et le jus d'1 citron vert, sel et poivre.

Pour la sauce, faites chauffer 15 minutes dans une casserole le vin, l'échalote, le gingembre restant, l'anis étoilé, la crème, le zeste et le jus du dernier citron vert. Salez et poivrez puis réservez.

Préchauffez le four à 240 °C (th. 8) 30 minutes avant de passer à table. Disposez les crevettes avec leur marinade dans un plat et enfournez 15 minutes.

Réchauffez les tomates confites quelques secondes au micro-ondes et recoupez-les en deux. Réchauffez la sauce, retirez l'anis étoilé et émulsionnez-la au mixeur.

Servez les crevettes nappées de sauce et décorées de tomates confites.

Tempura de crevettes

Grosses crevettes rôties au citron et gingembre

Langoustes gratinées aux morilles

POUR 4 PERSONNES
SANS DÉCONGÉLATION
PRÉPARATION 20 MINUTES • CUISSON 25 MINUTES

Les surgelés

4 queues de langoustes crues Caraïbes
150 g de morilles
450 g de riz basmati
20 g d'échalote
2 c. à s. de menthe
3 tablettes de court-bouillon

Chez l'épicier

20 cl de cidre
20 cl de crème liquide
30 g de beurre
2 jaunes d'œufs
sel, poivre

Préparez un court-bouillon dans une casserole avec 1 litre d'eau et les tablettes. Dès ébullition, plongez les queues de langoustes dedans et, après reprise du frémissement, faites cuire la moitié du temps indiqué sur l'emballage. Égouttez-les et réservez-les.

Pendant ce temps, dans une poêle avec 10 g de beurre, faites revenir l'échalote et les morilles 5 minutes. Versez le cidre, faites réduire de moitié, ajoutez la moitié de la crème et faites réduire de nouveau, à consistance nappante. Retirez les morilles, hachez-les au couteau et replacez-les dans la sauce.

Préchauffez le four à 240 °C (th. 8).

Coupez les langoustes en deux dans la longueur, calez-les avec du papier aluminium froissé sur la plaque de cuisson. Fouettez la crème restante en chantilly, incorporez les jaunes d'œufs puis la crème de morilles, 1 cuillerée à soupe de menthe, sel et poivre. Répartissez cette préparation sur la chair des langoustes.

Enfournez à mi-hauteur pendant 15 minutes. Servez accompagné du riz réchauffé avec les restes de beurre et de menthe.

Langoustes au jambon de Parme

POUR 4 PERSONNES
SANS DÉCONGÉLATION
PRÉPARATION 15 MINUTES • CUISSON 18 MINUTES

Les surgelés

4 queues de langoustes crues
450 g d'écrasée de pommes de terre à la truffe
300 g de feuilles d'épinards
4 tablettes de court-bouillon

Chez l'épicier

4 tranches de jambon de Parme
20 g de beurre
sel, poivre

Préparez à l'avance un court-bouillon pour y faire cuire les queues de langoustes la moitié du temps recommandé sur l'emballage (variable en fonction du poids), égouttez-les et laissez-les refroidir. Décortiquez-les et coupez-les en deux dans la longueur, enveloppez chaque morceau d'une demi-tranche de jambon. Déposez-les dans un plat graissé et réservez-les au frais.

Juste avant de servir, préchauffez le four à 150 °C (th. 5) et enfournez les queues de langoustes 10 minutes. Réchauffez l'écrasée de pommes de terre.

Dans une poêle chaude, faites cuire les épinards avec le beurre, salez et poivrez.

Dressez sur les assiettes les langoustes avec l'écrasée de pommes de terre et les épinards. Vous pouvez accompagner cette recette d'une sauce crustacés.

Langoustes gratinées aux morilles

Langoustes au jambon de Parme

Mille-feuille de langouste au poivre rose

POUR 4 PERSONNES
DÉCONGÉLATION : PÂTE FEUILLETÉE, SAUCE TOMATE ET SAUCE CRUSTACÉS
PRÉPARATION 25 MINUTES • CUISSON 35 MINUTES

Les surgelés

4 queues de langouste crues des Caraïbes
250 g de pâte feuilletée pur beurre
300 g de fèves pelées
300 g de sauce tomate
100 g de sauce crustacés
2 c. à s. de ciboulette
2 c. à s. de menthe douce
4 tablettes de court-bouillon

Chez l'épicier

2 c. à s. d'huile d'olive
1 c. à s. de poivre rose
1 jaune d'œuf
beurre
sel, fleur de sel

Faites précuire les queues de langouste dans un court-bouillon chaud, la moitié du temps recommandé sur l'emballage, puis égouttez-les.

Préchauffez le four à 210 °C (th. 7).

Étalez la pâte feuilletée en un rectangle de 40 cm sur 20 cm. Badigeonnez de jaune d'œuf, saupoudrez toute la surface de ciboulette et de menthe, salez. Découpez la pâte en carrés, déposez-les sur une plaque et enfournez 15 minutes. Faites cuire les fèves 3 minutes à l'eau bouillante salée, égouttez-les et réservez-les au chaud.

Décortiquez les queues de langouste et taillez-les en médaillons. Déposez-les dans un plat à four avec un filet d'huile d'olive, saupoudrez de poivre rose concassé et enfournez 8 minutes. Pendant ce temps, mélangez les sauces tomate et crustacés pour les réchauffer en les laissant réduire un peu.

Au moment de servir, montez en mille-feuille les médaillons de langouste intercalés avec le feuilletage aux herbes, soudez le tout avec un peu de sauce tomate. Servez avec les fèves généreusement beurrées et saupoudrées de fleur de sel.

Papillotes de crevettes tropicales au citron confit

POUR 4 PERSONNES
SANS DÉCONGÉLATION
PRÉPARATION 10 MINUTES • CUISSON 15 MINUTES

Les surgelés

250 g de queues de crevettes tropicales crues décortiquées
200 g d'oignons en cubes
200 g de feuilles d'épinards
6 c. à s. de coriandre
2 c. à s. d'ail

Chez l'épicier

6 c. à s. de jus de citron
6 c. à s. d'huile d'olive
2 c. à c. rases de curcuma en poudre
60 g de citron confit au sel, sel, poivre

Préchauffez le four à 210 °C (th. 7). Mixez ensemble l'ail, le jus de citron, l'huile, la coriandre, le curcuma, sel et poivre. Coupez le citron confit en petits dés. Répartissez sur quatre feuilles de papier sulfurisé les oignons, les crevettes, la sauce à la coriandre, les dés de citron confit et les épinards. Couvrez de papier sulfurisé et fermez les papillotes. Laissez cuire 15 minutes au four et servez sans attendre.

Queues de langoustes rôties au curry

POUR 4 PERSONNES
DÉCONGÉLATION : QUEUES DE LANGOUSTES ET MANGUE
PRÉPARATION 15 MINUTES • CUISSON 8 MINUTES

Les surgelés

4 queues de langoustes crues
450 g de riz basmati cuit, 2 tranches de mangue

Chez l'épicier

60 g de beurre
4 c. à s. de noix de coco râpée
3 c. à s. de raisins secs
2 c. à c. de curry en poudre
6 c. à s. de sauce curry
4 gousses de cardamome, sel, poivre

Fendez les queues de langoustes en deux. Déposez-les dans un plat, salez, saupoudrez de curry et répartissez sur la surface 40 g de beurre en morceaux. Faites cuire 8 minutes au four à 210 °C (th. 7). Dans un saladier, mélangez le riz avec la mangue en cubes, la noix de coco, les raisins secs et les graines de cardamome. Parsemez le reste du beurre sur le riz et faites cuire 5 minutes au micro-ondes (900 watts). Salez et poivrez. Réchauffez la sauce curry en y ajoutant le jus de cuisson des langoustes. Servez les langoustes avec la sauce et le riz.

Crevettes tropicales et jeunes carottes à l'orange

POUR 4 PERSONNES
DÉCONGÉLATION : JUS D'ORANGE
PRÉPARATION 10 MINUTES • CUISSON 15 MINUTES

Les surgelés

200 g de crevettes tropicales cuites décortiquées (20-25 pièces)
500 g de carottes jeunes entières extra-fines
150 g de tomates confites
25 cl de jus d'orange sanguine pressée
1/2 c. à s. de gingembre

Chez l'épicier

20 g de beurre
piment d'Espelette,
sel, poivre

Dans une casserole d'eau bouillante salée, faites cuire les carottes 14 minutes, égouttez-les et enrobez-les avec 10 g de beurre. Pendant ce temps, faites réduire aux deux tiers dans une poêle chaude le jus d'orange avec le gingembre, puis ajoutez les crevettes pendant 2 minutes. Retirez les crevettes et fouettez la sauce avec le beurre restant, ajoutez les tomates confites, sel et poivre. Réchauffez le tout. Servez les crevettes nappées de sauce et accompagnées des carottes, le tout saupoudré d'un peu de piment d'Espelette.

Cassolettes de langoustines aux girolles

POUR 4 PERSONNES
SANS DÉCONGÉLATION
PRÉPARATION 20 MINUTES • CUISSON 30 MINUTES

Les surgelés

300 g de queues de langoustines crues
250 g de cubes de tomates à l'italienne
150 g de girolles, 20 g d'échalote
2 c. à s. de ciboulette
1 tablette de court-bouillon

Chez l'épicier

10 cl de vin blanc sec
10 cl de crème liquide, 1 jaune d'œuf, sel, poivre

Plongez les queues de langoustines 2 minutes dans un court-bouillon chaud, égouttez-les et rafraîchissez-les. Décortiquez-les et gardez les carcasses. Dans une casserole, versez le vin, les cubes de tomates, l'échalote, la moitié de la crème, les carcasses de langoustines et faites cuire à feu doux 20 minutes. Retirez les carcasses et mixez le mélange. Ajoutez les girolles et poursuivez la cuisson 10 minutes. Salez et poivrez. Ajoutez les queues de langoustines et répartissez la préparation dans quatre cassolettes. Fouettez la crème restante en chantilly, incorporez le jaune d'œuf et la ciboulette, salez. Versez cette crème dans les cassolettes et faites gratiner au four.

Langoustines rôties au chorizo, artichauts marinés et raisins

POUR 4 PERSONNES
DÉCONGÉLATION : QUEUES DE LANGOUSTINES
PRÉPARATION 30 MINUTES • CUISSON 8 MINUTES

Les surgelés

300 g de queues de langoustines crues
600 g de fonds d'artichauts
1 c. à c. d'estragon

Chez l'épicier

4 citrons jaunes
30 g de raisins secs
20 tranches fines de chorizo
sel, poivre

Faites gonfler les raisins 10 minutes dans un peu d'eau tiède. Pelez à vif les citrons en retirant l'écorce et la petite peau blanche. Coupez-les en morceaux et mettez-les dans un bol en pressant bien pour extraire le jus. Salez et poivrez puis ajoutez l'estragon et les raisins.

Faites cuire les fonds d'artichauts comme indiqué sur l'emballage. Détaillez-les en quartiers et arrosez-les de marinade au citron. Décortiquez les queues de langoustines.

Dans une poêle bien chaude, faites sauter à sec le chorizo jusqu'à ce qu'il soit doré et croustillant. Ajoutez les queues de langoustines et prolongez la cuisson 2 à 3 minutes en remuant. Versez le contenu de la poêle sur les artichauts marinés. Mélangez et servez.

Saint-Jacques crues sur pommes de terre brûlantes

RECETTE RAPIDE

POUR 6 PERSONNES
DÉCONGÉLATION : NOIX DE SAINT-JACQUES
PRÉPARATION 10 MINUTES • CUISSON 10 MINUTES

Les surgelés

400 g de noix de Saint-Jacques Canada sans corail
250 g de pommes de terre sautées en rondelles

Chez l'épicier

25 g de cacahuètes grillées et salées
5 c. à s. d'huile d'arachide
1 c. à c. de vinaigre balsamique
1 c. à c. de sauce Worcester
le jus d'1 citron vert
sel, poivre

La veille, mettez les noix de Saint-Jacques à décongeler dans un mélange d'eau et de lait en les gardant au réfrigérateur.

Faites chauffer la moitié de l'huile dans une poêle pour faire rissoler les pommes de terre bien à plat en les laissant dorer sur une face. Découpez les noix de Saint-Jacques en deux ou trois escalopes (elles doivent être plus épaisses que les rondelles de pommes de terre).

Déposez les pommes de terre dans les assiettes, face dorée vers le haut, et couvrez-les avec les Saint-Jacques.

Mélangez dans un bol le reste d'huile, le vinaigre, la sauce Worcester et le jus de citron. Salez et poivrez. Versez cette sauce sur les Saint-Jacques et saupoudrez de cacahuètes concassées. Servez sans attendre.

Langoustines rôties au chorizo, artichauts marinés et raisins

Saint-Jacques crues sur pommes de terre brûlantes

Volailles et gibiers

Poulet aux morilles et à l'estragon

POUR 4 PERSONNES
DÉCONGÉLATION : CUISSES DE POULET
PRÉPARATION 15 MINUTES • CUISSON 40 MINUTES

Les surgelés

4 cuisses de poulet
150 g de morilles
200 g d'oignons émincés
1 c. à s. d'estragon
1 c. à c. d'ail

Chez l'épicier

2 c. à s. d'huile d'olive
20 cl de vin blanc sec
10 cl de crème liquide
sel, poivre

Faites décongeler les cuisses de poulet 8 heures au réfrigérateur. Coupez-les en deux à la jointure.

Dans une casserole, versez l'huile d'olive et saisissez les morceaux de poulet uniformément pendant 10 minutes. Ajoutez les oignons, l'ail et les morilles. Laissez étuver 10 minutes. Versez le vin blanc et faites réduire de moitié. Ajoutez la crème. Salez et poivrez. Couvrez et laissez cuire à feu doux 30 minutes.

Recoupez les morilles les plus grosses, saupoudrez d'estragon et servez bien chaud avec des bouquets de chou-fleur ou de la purée de pommes de terre.

Magrets de canard au porto et poêlée de pommes de terre

POUR 4 PERSONNES
DÉCONGÉLATION : MAGRETS DE CANARD
PRÉPARATION 20 MINUTES • CUISSON 14 MINUTES

Les surgelés

2 magrets de canard du Sud-Ouest
450 g de poêlée de pommes de terre grenaille
300 g de girolles
1 c. à s. d'échalote

Chez l'épicier

2 c. à s. d'huile d'olive
20 cl de porto rouge
10 g de beurre
1 c. à c. de sucre
sel, poivre

Laissez décongeler les magrets 7 heures au réfrigérateur. Préchauffez le four à 210 °C (th. 7).

Dans une poêle chaude, versez la moitié de l'huile d'olive et faites cuire les girolles avec l'échalote 10 minutes. Salez et poivrez. Gardez au chaud.

Dans une autre poêle, faites saisir les magrets sans la peau dans le reste d'huile, 2 minutes de chaque côté. Salez et poivrez. Déposez-les dans un plat avec les pommes grenaille et enfournez 10 minutes.

Déglacez la poêle avec le porto, ajoutez le sucre et laissez réduire 5 minutes. Émulsionnez cette sauce avec le beurre, salez et poivrez.

Découpez les magrets en tranches fines, nappez-les de sauce et servez-les avec les pommes grenaille et les girolles.

Pavés de biche aux figues et marrons poêlés au foie gras

POUR 4 PERSONNES
DÉCONGÉLATION : PAVÉS DE BICHE
PRÉPARATION 15 MINUTES • CUISSON 27 MINUTES

Les surgelés

4 pavés de biche
4 escalopes de foie gras de canard cru
200 g de haricots verts extra-fins
200 g de marrons entiers
150 g de figues en quartiers
200 g de sauce bordelaise à l'échalote

Chez l'épicier

10 cl de vin rouge corsé
huile d'olive
sel, poivre

Laissez décongeler les pavés de biche 12 heures au réfrigérateur.

Faites cuire les marrons à feu doux 10 minutes dans de l'eau bouillante salée puis égouttez-les soigneusement. Faites de même avec les haricots pendant 7 minutes.

Préchauffez le four à 180 °C (th. 6).

Dans un plat, disposez les figues bien à plat côté peau, salez et poivrez, versez un filet d'huile d'olive. Enfournez 15 minutes.

Dans une poêle chaude, saisissez les escalopes de foie gras 1 minute de chaque côté. Retirez-les et réservez la moitié de la graisse. Faites revenir à feu moyen dans la même poêle les pavés de biche pendant 6 à 8 minutes. Salez, poivrez généreusement et réservez.

Versez le vin dans la poêle et faites réduire de moitié, ajoutez la sauce bordelaise et portez à ébullition. Réservez.

Dans une autre poêle, faites sauter pendant 2 minutes les marrons, les haricots, les figues et le foie gras dans la graisse réservée. Réchauffez vivement la viande dans la sauce et servez sans tarder avec la poêlée aux marrons.

Magrets de canard au porto

Pavés de biche aux figues et marrons poêlés au foi

Magrets de canard au chutney d'agrumes

POUR 4 PERSONNES
SANS DÉCONGÉLATION
PRÉPARATION 15 MINUTES • CUISSON 1 HEURE

Les surgelés

2 magrets de canard, 500 g de salade d'agrumes
100 g d'oignons émincés, 200 g de riz basmati cuit
2 c. à s. de coriandre

Chez l'épicier

quatre-épices, 20 g de beurre
1 c. à s. de vinaigre balsamique
1 c. à s. de miel d'acacia
sel, poivre, cinq-poivres

Préchauffez le four à 210 °C (th. 7). Déposez les magrets de canard surgelés sur la peau dans un plat à four, salez et poivrez. Saupoudrez de quatre-épices. Enfournez pendant 35 minutes. Incisez la peau et retirez l'excès de graisse en cours de cuisson. Déposez la salade d'agrumes dans une casserole avec le vinaigre balsamique, le miel, les oignons émincés, le sel et un peu de cinq-poivres, couvrez et faites cuire à feu moyen pendant 20 minutes. Réchauffez le riz basmati avec le beurre et la coriandre. Servez les magrets en tranches avec le chutney et le riz à la coriandre.

Pavés d'autruche au caramel de mangue

POUR 4 PERSONNES
DÉCONGÉLATION : PAVÉS D'AUTRUCHE
PRÉPARATION 10 MINUTES • CUISSON 30 MINUTES

Les surgelés

4 pavés d'autruche
100 g d'oignons blancs, 400 g de navets en morceaux
40 g de mangue, 150 g de fèves pelées

Chez l'épicier

30 g de beurre, 5 cl de vin rouge
2 c. à s. de sucre roux, sel, poivre

Dans une sauteuse, déposez les oignons blancs, les navets, 20 g de beurre, sel et poivre. Faites cuire 10 minutes à feu vif après ébullition. Dans une petite poêle, faites un caramel avec le vin rouge, le sucre roux, sel et poivre. Ajoutez les tranches de mangue surgelées et laissez fondre 3 minutes en les retournant puis mixez le tout. Saisissez les pavés d'autruche avec le reste du beurre pendant 8 minutes en les retournant à mi-cuisson. Réservez-les. Versez dans la poêle 10 cl d'eau et la mangue mixée pour la réchauffer. Deux minutes avant de servir, ajoutez aux légumes les fèves pelées et poursuivez la cuisson jusqu'à ce qu'elles soient tendres. Servez-les avec la viande découpée en tranches épaisses.

Pot-au-feu de canard au gingembre

POUR 4 PERSONNES
SANS DÉCONGÉLATION
PRÉPARATION 10 MINUTES • CUISSON 1 H 35

Les surgelés

1 kg de légumes pour pot-au-feu
2 magrets de canard, 200 g d'oignons émincés
1 c. à s. de gingembre
1 c. à s. de thym

Chez l'épicier

3 c. à s. de fond de volaille déshydraté
2 clous de girofle, 8 grains de poivre noir
1 c. à s. de gros sel, poivre, fleur de sel

Diluez le fond de volaille dans 1,5 litre d'eau frémissante. Pendant ce temps, faites dorer les magrets de canard quelques minutes sur la peau, puis 1 minute côté chair. Sortez-les de la poêle pour enlever la peau et recoupez-les en deux. Déposez-les dans le fond de volaille avec les oignons, le gingembre, le thym, les clous de girofle, les grains de poivre et le gros sel. Couvrez et laissez frémir 1 heure. Ajoutez les légumes et laissez cuire encore 30 minutes. Présentez le canard dans des assiettes creuses, avec les légumes et le bouillon filtré. Saupoudrez de poivre mignonnette et de fleur de sel. Agrémentez éventuellement de copeaux de foie gras.

Pavés d'autruche à la rhubarbe, cèpes et marrons

POUR 4 PERSONNES
DÉCONGÉLATION : PAVÉS D'AUTRUCHE
PRÉPARATION 15 MINUTES • CUISSON 20 MINUTES

Les surgelés

4 pavés d'autruche
400 g de rhubarbe en morceaux
450 g de poêlée de marrons
300 g de jeunes cèpes coupés
20 g d'échalote

Chez l'épicier

4 c. à s. d'huile d'olive
50 g de sucre en poudre, 20 g de beurre
sel, poivre

Préchauffez le four à 210 °C (th. 7). Dans une poêle antiadhésive bien chaude, faites revenir les cèpes avec l'échalote et 10 g de beurre pendant 10 minutes. Dans un plat à four, étalez la rhubarbe bien à plat, salez et poivrez, saupoudrez de sucre, versez un filet d'huile d'olive et enfournez 20 minutes. Dans une poêle, faites chauffer l'huile et le beurre restant pour y saisir les pavés d'autruche. Salez et poivrez. Dans une autre poêle, réchauffez la poêlée aux marrons puis ajoutez les cèpes. Servez avec les pavés d'autruche détaillés en tranches fines et la rhubarbe rôtie.

Canard aux myrtilles

POUR 4 PERSONNES
SANS DÉCONGÉLATION
PRÉPARATION 15 MINUTES • CUISSON 30 MINUTES

Les surgelés

4 cuisses de canard confites
450 g d'écrasée de pommes de terre à la truffe (ou à l'huile d'olive)
250 g de myrtilles

Chez l'épicier

1 c. à s. de miel d'acacia
sel, poivre

Préchauffez le four à 210 °C (th. 7). Déposez les cuisses de canard dans un grand plat et enfournez 30 minutes.

Pendant ce temps, réchauffez à feu doux l'écrasée de pommes de terre dans une casserole avec 4 cuillerées à soupe d'eau.

Dans une poêle, faites cuire les myrtilles avec le miel pendant 10 minutes à feu vif. Salez et poivrez.

Servez avec le canard. Cette recette peut aussi se préparer avec des pavés d'autruche ou de biche poêlés.

Poulet et jardinière à l'estragon

Recette EXPRESS MICRO-ONDES

POUR 2 PERSONNES
SANS DÉCONGÉLATION
PRÉPARATION 5 MINUTES - CUISSON 10 MINUTES

Les surgelés

2 escalopes de poulet
1 bol vapeur de légumes (petits pois, choux-fleurs, poivrons rouges)
100 g de cubes de tomates à l'italienne
2 c. à c. d'ail
1/2 c. à c. d'estragon

Chez l'épicier

2 c. à s. d'huile d'olive
sel, poivre

Dans un plat creux adapté au micro-ondes, versez les légumes du bol vapeur, les cubes de tomates, l'ail, l'estragon.

Déposez dessus les escalopes de poulet badigeonnées d'huile d'olive, salez, poivrez et couvrez avec du film étirable.

Percez ce dernier avec une fourchette et faites cuire au micro-ondes 10 minutes à 750 watts, en retournant les escalopes à mi-cuisson.

Poulet au citron et petits pois, riz à la menthe

POUR 4 PERSONNES
DÉCONGÉLATION : ESCALOPES DE POULET
PRÉPARATION 15 MINUTES - CUISSON 25 MINUTES

Les surgelés

4 escalopes de poulet
450 g de riz basmati cuit
300 g d'oignons émincés
100 g de petits pois extra-fins
30 g de tomates confites
2 c. à s. de menthe douce

Chez l'épicier

4 c. à s. de sauce pour nems
4 c. à s. de sauce soja
4 c. à s. d'huile d'olive
50 g de sucre de canne
le jus de 1 citron
sel, poivre

Coupez les escalopes en fines lanières.

Faites cuire les petits pois 5 minutes à l'eau bouillante salée et égouttez-les.

Dans une poêle, faites fondre les oignons 10 minutes avec la moitié de l'huile, puis réservez. Réchauffez le riz au micro-ondes ou à la poêle, avec les tomates confites coupées en petits dés, la menthe, sel et poivre.

Pendant ce temps, poêlez les lanières de poulet pendant 5 minutes avec l'huile restante, poivrez, ajoutez les oignons, les sauces nems et soja, le sucre, le jus du citron et faites cuire 3 minutes. Versez les petits pois et poursuivez la cuisson encore 2 minutes. Servez avec le riz à la menthe.

Escalopes de poulet en croûte de poireaux et amandes

POUR 4 PERSONNES
DÉCONGÉLATION : ESCALOPES DE POULET
PRÉPARATION 10 MINUTES - CUISSON 25 MINUTES

Les surgelés

4 escalopes de poulet
450 g de poireaux émincés à la crème
1 c. à s. d'estragon

Chez l'épicier

2 c. à s. d'huile d'amande douce
2 c. à s. de moutarde
2 c. à c. de miel
4 c. à s. d'amandes effilées
sel, poivre

Préchauffez le four à 210 °C (th. 7). Essuyez les escalopes de poulet avec du papier absorbant, faites quelques incisions au couteau sur le dessus, salez, poivrez et massez avec l'huile d'amande douce.

Réchauffez les poireaux à la crème 5 minutes au micro-ondes, puis ajoutez la moutarde, l'estragon et le miel. Mélangez.

Posez les escalopes de poulet dans un plat allant au four légèrement graissé, les côtés incisés vers le haut. Tartinez les escalopes avec le mélange de poireaux et parsemez-les d'amandes effilées. Enfournez à mi-hauteur pendant 20 minutes.

Poulet au citron et petits pois, riz à la menthe

Escalopes de poulet en croûte de poireaux et amandes

Poulet façon blanquette aux champignons et aux pommes

POUR 4 PERSONNES
SANS DÉCONGÉLATION
PRÉPARATION 10 MINUTES - CUISSON 25 MINUTES

Les surgelés

4 escalopes de poulet
100 g d'oignons émincés
1 c. à c. d'ail
450 g de champignons de Paris miniatures

Chez l'épicier

2 pommes Granny
2 c. à s. d'huile d'olive
10 cl de crème entière
sel, poivre

Épluchez les pommes et coupez-les en quartiers. Dans une grande poêle avec l'huile d'olive, faites revenir les escalopes de poulet surgelées 5 minutes sur chaque face, salez et poivrez, puis réservez. Ajoutez à la place les oignons émincés, l'ail, les champignons de Paris miniatures, la crème entière, les quartiers de pommes, sel et poivre. Laissez cuire 10 minutes à feu moyen. Recoupez les escalopes en grosses lanières, remettez dans la poêle et terminez la cuisson 5 minutes à feu doux.

Escalopes de poulet à la parmesane

RECETTE RAPIDE

POUR 4 PERSONNES
DÉCONGÉLATION : ESCALOPES DE POULET
PRÉPARATION 10 MINUTES - CUISSON 6 MINUTES

Les surgelés

4 escalopes de poulet
200 g de sauce tomate
1 c. à s. de basilic

Chez l'épicier

40 g de farine, 1 œuf
30 g de chapelure fine
30 g de parmesan râpé
1 c. à s. d'herbes de Provence
3 c. à s. d'huile d'olive
sel, poivre

Déposez dans une assiette la farine, dans une autre battez l'œuf entier avec 1 cuillerée à soupe d'huile d'olive, et dans une troisième mélangez la chapelure avec le parmesan râpé et les herbes de Provence. Salez et poivrez les escalopes décongelées avant de les passer successivement dans la farine, l'œuf et la chapelure. Versez le reste d'huile d'olive dans une poêle chaude pour y faire cuire les escalopes à feu moyen 6 minutes, en les retournant une fois. Servez avec la sauce tomate parfumée au basilic. Accompagnez de pâtes.

Couscous express aux graines et aux légumes

POUR 4 PERSONNES
SANS DÉCONGÉLATION
PRÉPARATION 10 MINUTES - CUISSON 10 MINUTES

Les surgelés

300 g d'émincés d'aiguillettes de poulet rôties
300 g de poêlée de légumes à la romaine
300 g de boulghour cuisiné à l'huile d'olive

Chez l'épicier

3 c. à s. d'huile d'olive
4 c. à s. de raisins secs
4 c. à s. d'amandes entières mondées
piment en poudre
le jus de 1 citron

Faites chauffer l'huile d'olive dans une grande poêle pour y faire dorer les émincés d'aiguillettes de poulet 3 minutes à feu vif avec les raisins secs et les amandes. Saupoudrez d'une pointe de piment en poudre, arrosez de jus de citron, ajoutez 4 cuillerées à soupe d'eau, mélangez et réchauffez 1 minute. Réservez au chaud. À la place, mettez la poêlée de légumes à la romaine et le boulghour cuisiné à l'huile d'olive, mélangez et réchauffez 3 à 4 minutes. Servez le poulet sur un lit de boulghour et de légumes.

Tagliatelles à la carbonara de poulet

POUR 6 PERSONNES
SANS DÉCONGÉLATION
PRÉPARATION 10 MINUTES - CUISSON 10 MINUTES

Les surgelés

300 g d'émincés d'aiguillettes de poulet rôties
100 g d'échalote, 2 c. à s. de basilic

Chez l'épicier

500 g de tagliatelles sèches
10 g de beurre, 10 cl de vin blanc
35 cl de crème fraîche, 3 jaunes d'œufs
parmesan, sel, poivre

Faites cuire les pâtes dans une grande casserole d'eau bouillante salée. Pendant ce temps, faites fondre le beurre dans la sauteuse, ajoutez l'échalote et laissez cuire 5 minutes à feu moyen. Versez le vin blanc, remuez et laissez cuire encore 1 minute. Ajoutez la crème fraîche et le poulet. Portez à ébullition 1 minute et retirez du feu. Salez légèrement et poivrez généreusement. Égouttez les pâtes et versez-les dans la sauteuse. Remuez, puis coupez le feu. Incorporez les jaunes d'œufs crus, mélangez rapidement, rectifiez l'assaisonnement et servez immédiatement dans des assiettes chaudes. Saupoudrez de parmesan râpé et de basilic.

Cassoulet tout canard

POUR 4 PERSONNES
DÉCONGÉLATION : MAGRETS ET CUISSES CONFITES
PRÉPARATION 15 MINUTES - CUISSON 45 MINUTES

Les surgelés

2 cuisses de canard en confit
2 magrets de canard (600 g environ)
500 g de mojettes
150 g de cubes de tomates à l'italienne
50 g d'oignons en cubes, 1 c. à s. d'ail

Chez l'épicier

100 g de lardons fumés en dés
1 c. à c. d'herbes de Provence
1 c. à s. rase de sel
1 c. à c. rase de piment d'Espelette
mie de pain émiettée ou chapelure

Plongez les cuisses de canard dans leur sachet 5 minutes dans l'eau bouillante, puis égouttez-les en récupérant la graisse.

Dans une casserole, déposez les mojettes, les oignons, les cubes de tomate, l'ail, les herbes, le sel, le piment d'Espelette et 50 cl d'eau. Faites cuire 30 minutes à feu moyen dès l'ébullition.

Pendant ce temps, saisissez les magrets à feu vif 4 minutes de chaque côté, assaisonnez-les, recoupez-les en deux, puis réservez-les.

Blanchissez les lardons en les portant à ébullition et ajoutez-les aux mojettes à mi-cuisson avec 2 cuillerées à soupe de graisse du confit.

Préchauffez le four à 240 °C (th. 8). Dans un plat à four large, étalez les mojettes, saupoudrez la surface de mie de pain, déposez les confits recoupés en deux à la jointure et enfournez 15 minutes à mi-hauteur. Ajoutez les magrets 5 minutes avant de servir.

Viandes

Carré d'agneau en croûte d'olives

POUR 4 PERSONNES
SANS DÉCONGÉLATION
PRÉPARATION 20 MINUTES • CUISSON 30 MINUTES

Les surgelés

2 petits carrés d'agneau
300 g de pois gourmands
25 g de tomates confites
20 g de tapenade

Chez l'épicier

60 g de farine complète
ou de farine à pain aux céréales
30 g d'olives noires
2 c. à s. d'huile d'olive
beurre
sel, poivre

Préchauffez le four à 240 °C (th. 8) et enfournez les carrés d'agneau surgelés 15 minutes. Salez et poivrez à la sortie du four. Réservez.

Hachez les olives et les tomates confites. Préparez une pâte en mélangeant la farine avec la tapenade, les olives, les tomates hachées, 2 pincées de sel et 4 cuillerées à soupe d'eau. Recouvrez-en les carrés d'agneau, badigeonnez d'huile d'olive et enfournez encore 15 minutes.

Pendant ce temps, faites cuire les pois gourmands 4 minutes à l'eau bouillante salée, puis égouttez-les et beurrez-les. Servez sans tarder.

Vous pouvez accompagner cette recette de galettes de polenta ou de mini-gratins de pommes de terre.

Grenadins de veau au foie gras

POUR 4 PERSONNES
SANS DÉCONGÉLATION
PRÉPARATION 15 MINUTES • CUISSON 30 MINUTES

Les surgelés

4 grenadins de veau de l'Aveyron et du Ségala
4 escalopes de foie gras de canard cru
450 g de « Mélange tradition » (champignons)
4 fagots de haricots verts
20 g d'échalote
1 c. à s. d'estragon
1 c. à s. d'ail

Chez l'épicier

10 g de chapelure
10 cl de crème fraîche
sel, poivre

Dans une poêle bien chaude, faites saisir les escalopes de foie gras 1 minute de chaque côté puis réservez-les.

Dans la graisse restante, laissez dorer les grenadins 4 minutes en les retournant à mi-cuisson et en retirant les bardes de lard. Réservez-les dans un plat à four. Préchauffez le four à 210 °C (th. 7). Réservez l'excédent de graisse.

Dans la même poêle, faites sauter les champignons 5 minutes avec l'ail et l'échalote. Ajoutez la crème et laissez réduire. Panez les escalopes de foie gras avec la chapelure et déposez-les sur les grenadins.

Badigeonnez de graisse de foie gras réservée les fagots de haricots verts, enveloppez-les dans du papier d'aluminium et enfournez-les 15 minutes. Retirez le papier d'aluminium et disposez-les autour des grenadins. Enfournez le tout 10 minutes. Salez et poivrez les champignons, saupoudrez-les d'estragon et servez-les avec les grenadins et les fagots de haricots.

Souris d'agneau acidulées

POUR 4 PERSONNES
SANS DÉCONGÉLATION
PRÉPARATION 15 MINUTES • CUISSON 1 H 30

Les surgelés

4 souris d'agneau
500 g de tomates pelées en quartiers
500 g de flageolets verts cuits
450 g de tranches de mangues
2 c. à s. d'ail
2 c. à s. de thym

Chez l'épicier

40 g de beurre
2 c. à s. d'huile d'olive
4 c. à s. de miel d'acacia
1 c. à s. de romarin
sel, poivre

Préchauffez le four à 210 °C (th. 7).

Badigeonnez les souris d'agneau d'huile d'olive et déposez-les dans un grand plat allant au four. Répartissez autour les tomates, la mangue, le thym et l'ail. Salez et poivrez puis enfournez 20 minutes.

Quand les souris sont décongelées, séparez-les et nappez-les de miel d'acacia. Recoupez les tranches de mangues en cubes et poursuivez la cuisson pendant 1 h 10, en arrosant la viande toutes les 15 minutes environ.

Dix minutes avant de servir, versez les flageolets dans une casserole, ajoutez le romarin, mouillez à hauteur, salez et poivrez.

Après ébullition, laissez cuire 4 minutes à feu vif. Ajoutez le beurre, mélangez et servez avec l'agneau et sa garniture acidulée.

Grenadins de veau au foie gras

Souris d'agneau acidulées

Osso buco d'agneau aux cèpes

POUR 4 PERSONNES
SANS DÉCONGÉLATION
PRÉPARATION 15 MINUTES • CUISSON 2 HEURES

Les surgelés

4 tranches de gigot d'agneau avec os
300 g de cèpes émincés
350 g de cubes de tomates à l'italienne
150 g d'oignons émincés
2 c. à c. d'herbes de Provence

Chez l'épicier

15 cl de vin rouge fruité
2 c. à s. d'huile d'olive
1 c. à s. de farine
sel, poivre

Dans une cocotte à fond épais, faites chauffer l'huile d'olive. Ajoutez les tranches de gigot surgelées, saupoudrez les de farine et faites-les dorer sur les deux faces.

Retirez la viande, remplacez-la par les oignons et les cèpes. Laissez fondre le mélange 5 minutes, ajoutez les cubes de tomates, les herbes, le vin, salez et poivrez puis portez à ébullition.

Plongez la viande dans les légumes et baissez le feu au minimum. Couvrez et laissez cuire 1 h 15. Retirez le couvercle et poursuivez la cuisson encore 30 minutes. Servez avec des pâtes ou du riz.

Carrés d'agneau en croûte de pain d'épice

POUR 4 PERSONNES
SANS DÉCONGÉLATION
PRÉPARATION 10 MINUTES • CUISSON 25 MINUTES

Les surgelés

2 petits carrés d'agneau
500 g de « Cuisine wok asiatique aux légumes »
100 g de figues
100 g d'oignons en cubes
2 c. à s. de basilic
2 c. à s. de moutarde au miel
1 c. à s. d'ail

Chez l'épicier

2 c. à s. d'huile d'olive
4 tranches de pain d'épice
10 cl de vin blanc
sel, poivre

Préchauffez le four à 210 °C (th. 7).

Déposez les carrés d'agneau dans un plat allant au four, répartissez les figues autour et enfournez 10 minutes. Réservez les figues et mouillez la viande avec le vin blanc.

Émiettez le pain d'épice et mélangez-le avec l'ail, la moitié du basilic et de l'huile. Salez et poivrez les carrés, badigeonnez-les de moutarde et répartissez dessus le pain d'épice en une couche uniforme. Enfournez de nouveau 15 minutes.

Pendant ce temps, faites revenir le basilic restant et les oignons avec l'huile restante dans une poêle, ajoutez les légumes au wok et laissez chauffer 10 minutes.

Pour servir, découpez les carrés, nappez-les de jus de cuisson et accompagnez-les de figues chaudes et de légumes au wok.

Osso buco d'agneau aux cèpes

Carrés d'agneau en croûte de pain d'épice

Carrés d'agneau rôtis, salsa verde et flageolets

POUR 4 PERSONNES
SANS DÉCONGÉLATION
PRÉPARATION 10 MINUTES • CUISSON 35 MINUTES

Les surgelés

2 petits carrés d'agneau
500 g de flageolets verts
8 c. à s. de persil
4 c. à s. de ciboulette
4 c. à s. de menthe
2 c. à s. d'estragon
2 c. à s. d'ail

Chez l'épicier

2 c. à c. +
10 c. à s. d'huile d'olive
2 c. à s. de pignons de pin
4 c. à s. de caviar d'aubergines
1 citron
piment
sel, poivre

Préchauffez le four à 240 °C (th. 8).

Frottez les carrés d'agneau surgelés avec 2 cuillerées à café d'huile d'olive. Salez et poivrez. Déposez les carrés dans un plat et enfournez 35 minutes.

Pendant ce temps, faites cuire les flageolets verts à l'eau bouillante pendant 20 minutes. Faites griller les pignons dans une poêle puis écrasez-les. Mélangez-les avec le persil, le caviar d'aubergines, la ciboulette, la menthe, l'estragon, l'ail et le reste d'huile d'olive. Assaisonnez d'une pincée de piment et salez.

Servez les carrés d'agneau découpés avec les flageolets égouttés, la salsa et le citron coupé en quartiers.

Carrés d'agneau laqués et salade de mangue

POUR 4 PERSONNES
DÉCONGÉLATION : MANGUE
PRÉPARATION 15 MINUTES • CUISSON 25 MINUTES

Les surgelés

2 petits carrés d'agneau
450 g de tranches de mangues
1 c. à s. d'échalote
5 c. à s. de menthe
2 c. à s. d'ail

Chez l'épicier

le jus d'1 citron vert
6 c. à s. de nuoc-mâm
4 c. à s. de sauce de soja
2 c. à c. de sucre en poudre
piment
sel

Faites dorer les carrés d'agneau pendant 25 minutes dans une poêle antiadhésive légèrement huilée.

Dans le même temps, préparez la salade : coupez en dés les tranches de mangues décongelées (5 heures au réfrigérateur ou 10 minutes au micro-ondes), assaisonnez-les avec le jus de citron, l'échalote, la menthe, 1 pincée de piment et du sel.

Dans un bol, mélangez l'ail, le nuoc-mâm, la sauce de soja, le sucre en poudre et 1 pincée de piment. Retirez les carrés d'agneau de la poêle quand ils sont cuits, jetez le gras de cuisson et versez la sauce à l'ail.

Remettez les carrés d'agneau dans la poêle à feu moyen puis laquez-les de sauce en les retournant plusieurs fois, jusqu'à ce que la sauce soit épaisse et sirupeuse. Servez-les avec la salade de mangue.

Carrés d'agneau rôtis, salsa verde et flageolets

Carrés d'agneau laqués et salade de mangue

Tajine d'agneau aux artichauts

POUR 4 PERSONNES
DÉCONGÉLATION : AGNEAU
PRÉPARATION 10 MINUTES • CUISSON 1 HEURE

Les surgelés

4 tranches de gigot d'agneau
250 g d'oignons émincés
200 g de carottes en rondelles
400 g de fonds d'artichauts
450 g de cubes de tomates à l'italienne
600 g de boulghour cuisiné à l'huile d'olive
1 boîte de coriandre
1/2 boîte de menthe

Chez l'épicier

2 c. à s. de confit d'oignon
3 c. à s. de raisins secs
2 c. à s. de ras-el-hanout
6 c. à s. d'huile d'olive
sel, poivre

Faites décongeler les tranches de gigot 6 heures au réfrigérateur et découpez-les en gros cubes. Salez et poivrez puis frottez-les avec le ras-el-hanout et 3 cuillerées à soupe d'huile d'olive.

Faites chauffer 2 cuillerées à soupe d'huile dans une cocotte pour faire dorer les morceaux de viande. Réservez-les. À la place faites chauffer le reste d'huile et faites fondre les oignons émincés jusqu'à évaporation de l'eau. Ajoutez les carottes en rondelles et les fonds d'artichauts, continuez la cuisson 10 minutes en remuant.

Quand les légumes commencent à se colorer, remettez la viande dans la cocotte, ajoutez les cubes de tomates, le confit d'oignon, les raisins secs et 1 pincée de sel. Mélangez, couvrez et laissez cuire 45 minutes à feu doux. Ajoutez la coriandre et la menthe. Rectifiez l'assaisonnement et servez avec du boulghour cuisiné à l'huile d'olive.

Tajine d'agneau à la vapeur

POUR 4 PERSONNES
SANS DÉCONGÉLATION
PRÉPARATION 10 MINUTES • CUISSON 3 H 30

Les surgelés

4 souris d'agneau
4 c. à s. de coriandre
2 c. à s. d'ail
600 g de boulghour cuisiné à l'huile d'olive

Chez l'épicier

4 c. à s. d'huile d'olive
1 citron confit
1 c. à s. de coriandre en grains
1 c. à c. de cannelle
1 c. à s. de cumin en poudre
sel, poivre

Concassez la coriandre en grains. Dans un bol, mélangez l'huile d'olive, la coriandre surgelée, l'ail, le cumin, la cannelle, le sel et le poivre. Badigeonnez les souris d'agneau avec ce mélange.

Ajoutez le citron confit coupé en huit puis emballez individuellement les souris d'agneau dans des sacs plastiques alimentaires. Déposez-les dans un grand panier vapeur, couvrez et laissez cuire 3 h 30 à feu très doux.

Découpez les sacs et faites glisser les souris dans les assiettes. Servez avec du boulghour cuisiné à l'huile d'olive (ou des graines de couscous aux fruits secs).

Tajine d'agneau aux artichauts

Tajine d'agneau à la vapeur

Axoa de veau comme à Bayonne

POUR 4 PERSONNES
DÉCONGÉLATION : VEAU
PRÉPARATION 15 MINUTES - CUISSON 55 MINUTES

Les surgelés

4 escalopes de veau haché
600 g de poivrons en dés
200 g d'oignons émincés
1 c. à s. d'ail

Chez l'épicier

2 c. à s. d'huile d'olive
2 c. à c. rases de piment d'Espelette
2 c. à c. de fond de veau déshydraté
10 cl de vin blanc doux, sel

Dans une sauteuse, faites fondre les oignons émincés avec un peu d'huile d'olive pendant 10 minutes. Incorporez l'ail et les poivrons en dés, puis faites cuire encore 15 minutes à feu doux.

Ajoutez les escalopes de veau émiettées à la fourchette, puis le piment d'Espelette, le fond de veau déshydraté et le vin blanc doux. Salez et mouillez avec 10 cl d'eau. Laissez cuire à feu doux 20 à 30 minutes en remuant de temps en temps ; la viande doit être légèrement caramélisée.

Servez chaud ou tiède, accompagné d'une salade verte.

Sauté de veau aux fèves et au citron

POUR 4 PERSONNES
SANS DÉCONGÉLATION
PRÉPARATION 10 MINUTES - CUISSON 1 H 10

Les surgelés

750 g de sauté de veau de l'Aveyron
400 g de fèves pelées
200 g d'oignons émincés
2 c. à s. de coriandre
1 c. à s. de gingembre
1 c. à c. d'ail

Chez l'épicier

3 c. à s. d'huile d'olive
1 citron non traité
sel, poivre

Prélevez le zeste du citron et émincez-le. Pressez le jus.

Faites chauffer l'huile dans une sauteuse. Mettez la viande dans la cocotte, ajoutez les oignons, le gingembre, le zeste et l'ail. Faites revenir 10 minutes à feu moyen. Salez et poivrez.

Déglacez avec le jus de citron, couvrez et laissez cuire 45 minutes à feu doux. Ajoutez les fèves sur le dessus, couvrez et laissez cuire encore 15 minutes. Servez saupoudré de coriandre.

Axoa de veau comme à Bayonne

Sauté de veau aux fèves et au citron

Porc sauté à l'ananas

POUR 4 PERSONNES
DÉCONGÉLATION : FILET MIGNON DE PORC ET ANANAS
PRÉPARATION 15 MINUTES - CUISSON 8 MINUTES

Les surgelés

1 filet mignon de porc (400 g environ)
250 g d'ananas en morceaux
3 c. à s. d'ail
3 c. à s. de coriandre
2 c. à s. de menthe douce

Chez l'épicier

3 c. à s. de sauce soja
3 c. à s. d'huile d'arachide
1 c. à s. d'huile de sésame
1 c. à s. de Maïzena
2 c. à c. de sucre

Découpez le filet mignon de porc en lanières en suivant le sens des fibres.

Mélangez dans un bol 2 cuillerées à soupe de sauce soja, l'huile de sésame, la Maïzena et faites mariner la viande dans cette préparation pendant 30 minutes.

Chauffez un wok ou une grande poêle sur feu vif et faites revenir l'ail dans l'huile d'arachide pendant quelques secondes. Ajoutez le porc et faites saisir en remuant jusqu'à ce qu'il soit bien doré. Ajoutez les morceaux d'ananas, la coriandre et la menthe, faites sauter à feu vif encore 2 à 3 minutes. Versez la sauce soja restante, mélangez, puis ajoutez le sucre. Mélangez de nouveau et servez sans tarder.

Cocotte de vitello tonatto

POUR 4 PERSONNES
SANS DÉCONGÉLATION
PRÉPARATION 10 MINUTES - CUISSON 1 H 40

Les surgelés

750 g de sauté de veau
400 g de carottes en rondelles
250 g d'oignons émincés
150 g de sauce tomate
1 c. à s. d'ail, 2 c. à c. de thym

Chez l'épicier

140 g de thon au naturel égoutté
25 cl de vin blanc
3 c. à s. de câpres au vinaigre
2 c. à s. d'huile d'olive
sel, poivre

Faites chauffer l'huile d'olive dans une cocotte pour faire dorer les morceaux de veau encore surgelés. Ajoutez les oignons et l'ail, remuez et laissez cuire 5 minutes.

Incorporez le thon égoutté et émietté, versez le vin blanc, ajoutez 15 cl d'eau, la sauce tomate, les carottes, le thym, sel et poivre. Portez à ébullition, puis baissez le feu et laissez cuire 1 heure à couvert.

Retirez le couvercle, ajoutez les câpres et faites cuire encore 30 minutes. Servez avec des pommes vapeur, des rösti, du riz ou des pâtes.

Porc sauté à l'ananas

Cocotte de vitello tonatto

Gratin de bœuf aux courgettes et pignons de pin

POUR 6 PERSONNES
DÉCONGÉLATION : BIFTECKS HACHÉS
PRÉPARATION 10 MINUTES - CUISSON 40 MINUTES

Les surgelés

3 biftecks hachés pur bœuf non compressés
1 gratin de courgettes (450 g)
300 g de tomates en quartiers pelées
100 g d'oignons en cubes
2 c. à s. de ciboulette
2 c. à s. de persil
1 c. à s. d'ail
1 c. à c. de thym

Chez l'épicier

1 c. à s. d'huile d'olive
20 g de pignons de pin
2 œufs
sel, poivre

Préchauffez le four à 210 °C (th. 7).

Dans une poêle sèche bien chaude, faites dorer les pignons de pin et réservez-les. Versez l'huile d'olive et faites revenir à feu moyen les cubes d'oignons pendant 5 minutes. Ajoutez les tomates, le thym, salez et poivrez, puis laissez cuire jusqu'à évaporation complète du liquide. Laissez refroidir.

Pendant ce temps, malaxez la viande hachée avec 1 œuf entier, 1 jaune d'œuf, les herbes, l'ail, sel et poivre. Ajoutez les tomates et mélangez à nouveau. Faites tiédir le gratin de courgettes au micro-ondes.

Dans une terrine d'une contenance de 1 litre, disposez en deux couches successives la viande, les pignons et le gratin de courgettes. Enfournez 30 minutes en baissant le four à 180 °C à mi-cuisson.

Soupe de melon et mangue au citron vert

RECETTE RAPIDE

POUR 6 PERSONNES
DÉCONGÉLATION : MELON ET MANGUE
PRÉPARATION 10 MINUTES • SANS CUISSON

Les surgelés

450 g de melon en billes
450 g de tranches de mangue
1 c. à s. de basilic

Chez l'épicier

le jus d'1 citron vert
sel, poivre

Laissez décongeler les fruits 6 heures au réfrigérateur.

Mixez les tranches de mangue coupées en dés avec 400 g de melon et le jus de citron. Salez et poivrez, saupoudrez de basilic et servez dans des assiettes creuses.

Décorez avec les billes de melon restantes.

Terrine de fruits en gelée

POUR 8 PERSONNES
DÉCONGÉLATION : JUS D'ORANGE
PRÉPARATION 15 MINUTES • CUISSON 10 MINUTES
RÉFRIGÉRATION 6 HEURES

Les surgelés

300 g de salade d'agrumes
300 g d'ananas en morceaux
300 g d'oreillons d'abricots
100 g de groseilles égrappées
50 cl de jus d'orange sanguine de Sicile
2 c. à s. de menthe

Chez l'épicier

50 g de miel
5 feuilles de gélatine

Dans une grande poêle, faites cuire les morceaux d'ananas et les abricots pendant 10 minutes avec le jus d'orange décongelé et le miel.

Hors du feu, ajoutez la salade d'agrumes et la menthe, laissez infuser 30 minutes. Égouttez les fruits en réservant le jus puis transférez-les dans un moule à cake garni d'un film étirable.

Faites ramollir les feuilles de gélatine dans l'eau froide, égouttez-les et faites-les fondre dans une petite partie du jus des fruits, ajoutez le jus restant et versez dans le moule. Placez la terrine au réfrigérateur au moins 6 heures. Servez-la en tranches.

Verrines de fruits rouges au vin et à la cannelle

POUR 4 PERSONNES
SANS DÉCONGÉLATION
PRÉPARATION 15 MINUTES • CUISSON 10 MINUTES

Les surgelés

400 g de salade de fruits rouges
12 crêpes dentelle roulées

Chez l'épicier

1 bâton de cannelle
100 g de mascarpone
15 cl de crème liquide
15 cl de vin rouge
2 c. à s. de crème de cassis
3 sachets de sucre vanillé
70 g de miel d'acacia

Dans une casserole, faites chauffer le vin pendant 10 minutes avec la crème de cassis, 2 sachets de sucre vanillé, le miel et le bâton de cannelle.

Hors du feu, ajoutez la salade de fruits rouges et laissez infuser 30 minutes. Fouettez le mascarpone avec le reste de sucre vanillé et la crème liquide.

Répartissez dans des verrines les fruits au sirop de vin puis la crème au mascarpone. Réservez au frais. Émiettez les crêpes dentelle dessus au moment de servir.

Terrine de fruits en gelée

Verrines de fruits rouges au vin et à la cannelle

Verrines de mangue et framboises

RECETTE RAPIDE

POUR 4 PERSONNES
DÉCONGÉLATION : MANGUE ET FRAMBOISES
PRÉPARATION 10 MINUTES • SANS CUISSON

Les surgelés

500 ml de sorbet mangue
500 ml de sorbet framboise
4 tranches de mangue
100 g de framboises entières

Chez l'épicier

1 boîte de biscuits aux amandes
sucre glace

Coupez la mangue décongelée en cubes et répartissez-la dans quatre verrines avec son jus.

Couvrez-la avec des biscuits aux amandes brisés, ajoutez dans chaque verre 1 boule de sorbet framboise, puis quelques biscuits brisés et 1 boule de sorbet mangue.

Décorez de framboises décongelées, saupoudrez de sucre glace et servez aussitôt.

Pain perdu des îles

POUR 4 PERSONNES
SANS DÉCONGÉLATION
PRÉPARATION 10 MINUTES • CUISSON 15 MINUTES

Les surgelés

8 tranches de brioche
600 g de salade de fruits exotiques

Chez l'épicier

2 c. à s. de rhum
1 c. à s. de sucre
3 c. à s. de lait entier
3 c. à s. de crème liquide
2 jaunes d'œufs
30 g de sucre roux
100 g de flocons de noix de coco
60 g de beurre

Faites fondre 25 g de beurre dans une grande poêle. Versez la salade de fruits exotiques, le rhum, le sucre et laissez compoter 10 minutes pour que le mélange épaississe. Laissez refroidir.

Dans un plat creux, mélangez le lait, la crème, les jaunes d'œufs et le sucre roux. Étalez dans une assiette creuse les flocons de noix de coco.

Faites fondre le reste du beurre dans une poêle à feu moyen. Passez les tranches de brioche dans le mélange aux œufs puis dans la noix de coco. Déposez-les dans le beurre chaud et laissez dorer 2 minutes sur chaque face. Servez la brioche avec la compote froide.

Macarons glacés en rouge et noir

RECETTE RAPIDE

POUR 4 PERSONNES
DÉCONGÉLATION : MACARONS ET COULIS DE FRUITS ROUGES
PRÉPARATION 15 MINUTES • SANS CUISSON

Les surgelés

4 macarons chocolat
4 macarons framboise
1/4 de litre de sorbet chocolat extra-dry
250 g de framboises brisées
100 g de coulis aux trois fruits rouges

Laissez décongeler les macarons 2 heures à température ambiante.

Peu avant de servir, sortez le sorbet du congélateur pour le faire ramollir puis mélangez-le avec les framboises.

Ouvrez les macarons en deux. Nappez la base des macarons chocolat avec un peu de sorbet et fermez avec les macarons framboise.

Façonnez une quenelle de sorbet sur chaque assiette, disposez deux macarons autour et servez sans attendre avec le coulis de fruits rouges décongelé.

Pain perdu des îles

Macarons glacés en rouge et noir

Gaspacho tomates et cerises

POUR 4 PERSONNES
DÉCONGÉLATION : GRIOTTES ET TOMATES
PRÉPARATION 30 MINUTES • CUISSON 10 MINUTES

Les surgelés

300 g de griottes dénoyautées
150 g de tomates pelées en quartiers
2 c. à s. de menthe douce
1 c. à s. de gingembre

Chez l'épicier

3 c. à s. de miel liquide
3 c. à s. de sucre en poudre
1/2 c. à c. de cannelle en poudre
huile d'olive

Sortez les griottes et les tomates du congélateur 30 minutes à l'avance.

Mixez ensemble 200 g de griottes, la cannelle, le gingembre, la moitié de la menthe et le sucre. Ajoutez le miel et les tomates, mixez à nouveau.

Versez dans des assiettes creuses et répartissez dessus le reste des griottes coupées en deux. Saupoudrez du reste de menthe et arrosez d'un trait d'huile d'olive.

Vous pouvez utiliser cette soupe comme un coulis, sur une glace, sur du fromage blanc ou sur un gâteau. Vous pouvez également la servir dans des tasses à café, pour apporter une note sucrée en fin de repas.

Mangues façon tatin

POUR 4 PERSONNES
DÉCONGÉLATION : MANGUE ET PÂTE SABLÉE
PRÉPARATION 15 MINUTES • CUISSON 45 MINUTES

Les surgelés

450 g de tranches de mangue
1 pâte sablée pré-étalée

Chez l'épicier

60 g de sucre de canne en poudre
20 g de beurre

Laissez décongeler la mangue et la pâte sablée 2 heures à température ambiante. Préchauffez le four à 210 °C (th. 7). Graissez quatre ramequins avec le beurre ramolli et déposez au fond de chacun d'eux 1 cuillerée à soupe de sucre de canne. Disposez les tranches de mangue dessus. Enfournez pendant 30 minutes puis laissez refroidir à température ambiante. Dans le même temps, étalez la pâte sablée et découpez huit disques au diamètre des ramequins. Réservez au frais. Juste avant de servir, déposez deux disques de pâte sur chaque ramequin et faites dorer 15 minutes au four préchauffé à 180 °C (th. 6). Laissez reposer 5 à 10 minutes avant de démouler sur assiette. Servez tiède.

Pain perdu aux framboises acidulées

RECETTE RAPIDE

POUR 4 PERSONNES
SANS DÉCONGÉLATION
PRÉPARATION 10 MINUTES • CUISSON 10 MINUTES

Les surgelés

8 tranches de brioche, 350 g de framboises

Chez l'épicier

2 œufs, 50 g de sucre, 25 cl de lait entier
1 c. à c. d'essence d'amande amère
2 c. à s. de noix de coco séchée
50 g de beurre, 2 sachets de sucre vanillé
2 c. à s. de vinaigre balsamique

Fouettez les œufs, le sucre, l'essence d'amande et le lait. Faites griller les tranches de brioche. Poêlez à sec la noix de coco 5 minutes puis réservez-la. Faites fondre le beurre dans une grande poêle. Trempez les tranches de brioche 30 secondes dans le mélange aux œufs et dorez-les 2 minutes sur chaque face. Déposez-les dans les assiettes. Jetez les framboises dans la poêle sans la laver, saupoudrez de sucre vanillé et arrosez de vinaigre. Laissez chauffer 2 à 3 minutes à feu vif (elles doivent rester entières). Répartissez-les sur les tranches de brioche et saupoudrez de noix de coco grillée. Servez chaud.

Soupe tiède de quetsches et griottes aux épices

POUR 4 PERSONNES
SANS DÉCONGÉLATION
PRÉPARATION 10 MINUTES • CUISSON 15 MINUTES

Les surgelés

300 g de quetsches
300 g de griottes
500 ml de glace au pain d'épice
1 boîte de feuillets à la cannelle

Chez l'épicier

20 cl de vin rouge corsé
80 g de confiture framboise et groseille
1 bâton de cannelle
2 étoiles d'anis
2 pincées de quatre-épices
1/2 c. à c. de poivre du Sichuan

Préparez la soupe à l'avance : dans une casserole, faites chauffer le vin à feu moyen pendant 5 minutes avec la confiture et toutes les épices. Ajoutez les fruits et poursuivez la cuisson 10 minutes. Laissez refroidir. Juste avant de servir, retirez la cannelle et l'anis étoilé puis faites tiédir la soupe de fruits avant de la verser dans des assiettes creuses. Déposez au centre une boule de glace et décorez de feuillets à la cannelle.

Crumble aux tomates et aux framboises

POUR 4 PERSONNES
SANS DÉCONGÉLATION
PRÉPARATION 10 MINUTES • CUISSON 2 H 15

Les surgelés

500 g de framboises
800 g de tomates pelées en quartiers
2 c. à s. de gingembre
4 c. à s. de menthe

Chez l'épicier

2 c. à s. d'huile d'olive
20 g de raisins secs, 60 g de sucre vergeoise
1 sachet de sucre vanillé
50 g de biscuits sablés au beurre
20 g de noix concassées

Mélangez les tomates avec le gingembre, la menthe, l'huile d'olive, les raisins secs, le sucre vergeoise et le sucre vanillé. Versez le tout dans un petit plat à gratin. Enfournez à 180 °C (th. 6). Laissez cuire 2 heures en remuant une fois. Retirez du four et augmentez la température à 210 °C (th. 7). Ajoutez les framboises, écrasez les biscuits et saupoudrez-en le gratin, ajoutez les noix et laissez cuire encore 15 minutes. Servez tiède.

Cocktail abricots, poivre blanc et miel

POUR 10 VERRES (1,5 LITRE)
SANS DÉCONGÉLATION
PRÉPARATION 5 MINUTES • CUISSON 20 MINUTES

Les surgelés

1 kg d'oreillons d'abricots

Chez l'épicier

100 g de miel d'acacia
1 c. à c. de poivre blanc moulu

Laissez cuire les oreillons d'abricots 20 minutes à feu doux avec 60 cl d'eau et le miel d'acacia. Mixez avec le poivre blanc moulu.

Laissez refroidir et placez au frais pendant au moins 2 heures.

Cocktail framboises, orange et menthe

RECETTE RAPIDE

POUR 10 VERRES (1,5 LITRE)
DÉCONGÉLATION : FRAMBOISES BRISÉES ET JUS D'ORANGE SANGUINE
PRÉPARATION 5 MINUTES • SANS CUISSON

Les surgelés

500 g de framboises brisées
60 cl de jus d'orange sanguine
1 c. à c. de menthe douce

Mixez les framboises décongelées avec le jus d'orange, la menthe et 30 cl d'eau. Filtrez et réservez au réfrigérateur.

Cocktail fruits rouges et mangue

RECETTE RAPIDE

POUR 10 VERRES (1,5 LITRE)
DÉCONGÉLATION : COCKTAIL DE FRUITS ROUGES ET MANGUE
PRÉPARATION 5 MINUTES • SANS CUISSON

Les surgelés

450 g de cocktail de fruits rouges
450 g de tranches de mangue

Mixez la mangue et les fruits rouges décongelés avec 60 cl d'eau.

Filtrez le mélange et gardez-le au froid jusqu'au moment de servir.

Nage d'ananas à la coriandre et citron vert

RECETTE RAPIDE

POUR 4 PERSONNES
SANS DÉCONGÉLATION
PRÉPARATION 5 MINUTES • CUISSON 5 MINUTES

Les surgelés

600 g d'ananas en morceaux
1 c. à s. de coriandre
500 ml de sorbet noix de coco

Chez l'épicier

1/2 gousse de vanille,
2 citrons verts
10 g de graines de coriandre
50 g de sucre

Dans un grand saladier, versez les morceaux d'ananas encore surgelés.

Pour le sirop, faites bouillir dans une casserole 60 cl d'eau avec le sucre et les graines de coriandre. Prélevez le zeste des citrons verts et mettez-le dans la casserole. Fendez en deux la demi-gousse de vanille et grattez-la sur le sirop. Remuez bien. Comptez 5 minutes de cuisson puis versez le sirop bouillant sur les morceaux d'ananas. Incorporez alors la coriandre surgelée.

Couvrez et laissez infuser 2 à 3 heures à température ambiante.

Au moment de servir, garnissez les assiettes d'ananas, arrosez à mi-hauteur de sirop et déposez une quenelle de sorbet noix de coco au centre.

Fèves confites à la japonaise

POUR 4 PERSONNES
SANS DÉCONGÉLATION
PRÉPARATION 10 MINUTES • CUISSON 12 MINUTES

Les surgelés

450 g de fèves pelées
sorbet citron

Chez l'épicier

130 g de sucre semoule

Portez 1 litre d'eau à ébullition et plongez les fèves dedans pendant 2 minutes. Égouttez-les, rincez-les sous un filet d'eau bien froide puis réservez-les.

Portez à ébullition 100 g de sucre avec 1,5 litre d'eau et laissez réduire 10 minutes. Plongez les fèves dans ce sirop et laissez-les cuire 5 minutes à petits bouillons. Égouttez-les et laissez-les refroidir sur une grille.

Saupoudrez-les avec le sucre restant et laissez-les sécher. Servez ces fèves avec un sorbet citron.

Nage d'ananas à la coriandre et citron vert

Fèves confites à la japonaise

Gâteau brioché aux cerises

POUR 6 PERSONNES
DÉCONGÉLATION : TRANCHES DE BRIOCHE ET COULIS DE FRUITS ROUGES
PRÉPARATION 15 MINUTES • CUISSON 9 MINUTES

Les surgelés

300 g de griottes
150 à 200 g de brioche en tranches
200 g de coulis aux trois fruits rouges

Chez l'épicier

20 g de beurre
2 œufs
100 g de sucre en poudre
2 sachets de sucre vanillé
2 c. à s. d'amaretto (ou de porto)
1 c. à s. de sucre glace
15 cl de lait entier
15 g d'amandes effilées grillées

Sortez les tranches de brioche 15 minutes à température ambiante pour les décongeler.

Dans un moule allant au micro-ondes, mélangez les griottes et le sucre vanillé, faites-les cuire 3 minutes à pleine puissance puis retirez-les. Lavez le plat et beurrez-le généreusement.

Dans un grand bol, fouettez les œufs, le sucre en poudre, le lait et l'amaretto. Trempez les tranches de brioche dans ce mélange.

Dans le fond du plat, disposez la moitié de la brioche, couvrez avec les cerises et recouvrez de brioche. Arrosez avec le reste de mélange aux œufs et couvrez.

Faites cuire 3 minutes à pleine puissance, laissez reposer 2 minutes et programmez encore 3 minutes de cuisson. Laissez refroidir avant de démouler.

Servez le gâteau saupoudré d'amandes grillées et de sucre glace, avec le coulis de fruits rouges.

Cake au citron façon pain perdu

RECETTE RAPIDE

POUR 6 PERSONNES
DÉCONGÉLATION : CAKE
PRÉPARATION 5 MINUTES • CUISSON 4 MINUTES

Les surgelés

1 cake au citron
500 ml de glace vanille

Chez l'épicier

50 g de miel d'acacia liquide
60 g de beurre
20 cl de lait
4 œufs,
3 gousses de vanille

Faites décongeler partiellement le cake au citron 1 minute au micro-ondes et coupez-le en douze tranches régulières.

Casse7 les œufs dans une assiette creuse et ajoutez le miel. Mettez le lait dans une autre assiette.

Faites chauffer une poêle avec le beurre. Passez les tranches de cake dans le lait puis dans les œufs et poêlez-les 2 minutes de chaque côté.

Servez avec une boule de glace vanille décorée d'une demi-gousse de vanille.

Marrons glacés au rhum

POUR 6 PERSONNES
SANS DÉCONGÉLATION
PRÉPARATION 15 MINUTES • CUISSON 30 MINUTES

Les surgelés

600 g de marrons

Chez l'épicier

2 c. à s. de rhum
1 kg de sucre

Préchauffez le four à 150 °C (th. 5).

Préparez un sirop en portant à ébullition 1 litre d'eau avec le rhum et le sucre.

Plongez les marrons dans une casserole d'eau bouillante et laissez-les cuire 10 minutes dès la reprise de l'ébullition. Égouttez-les et laissez-les tiédir.

Faites réduire le sirop à feu vif pendant 10 à 15 minutes avant de le laisser un peu refroidir.

Étalez les marrons sur une écumoire et plongez-les délicatement dans le sirop. Déposez-les sur une plaque recouverte de papier aluminium, enfournez-les et laissez-les sécher 3 minutes au four. Laissez-les enfin refroidir.

Cake au citron façon pain perdu

Marrons glacés au rhum

Panna cotta à la vanille et aux fruits des bois

RECETTE RAPIDE

POUR 4 PERSONNES
DÉCONGÉLATION : FRUITS ROUGES
PRÉPARATION 10 MINUTES • CUISSON 5 MINUTES

Les surgelés

500 ml de glace vanille
100 g de cocktail de fruits rouges
2 sachets de coulis aux trois fruits rouges

Chez l'épicier

huile
2 feuilles de gélatine
2 c. à s. d'amaretto
2 sachets de sucre vanillé

Laissez décongeler les fruits rouges 6 heures au frais avant de les mélanger avec le sucre vanillé dans un saladier.

Répartissez-les ensuite dans quatre ramequins ou quatre verres préalablement huilés.

Faites ramollir la gélatine dans un bol d'eau froide.

Dans une casserole, portez lentement la glace vanille à ébullition, retirez du feu puis ajoutez l'amaretto et la gélatine égouttée. Remuez vivement.

Versez la glace dans les ramequins et laissez refroidir. Conservez 4 heures au frais avant de servir.

Démoulez sur assiette et accompagnez de coulis de fruits rouges.

Salade d'abricots et ananas au sirop d'érable et fleurs de lavande

RECETTE RAPIDE

POUR 6 PERSONNES
DÉCONGÉLATION : ANANAS
PRÉPARATION 5 MINUTES - CUISSON 10 MINUTES

Les surgelés

400 g d'abricots (oreillons)
400 g d'ananas en morceaux
1 c. à s. de menthe douce

Chez l'épicier

5 c. à s. de sirop d'érable
1 c. à c. rase de fleurs de lavande

Dans une poêle anti-adhésive, versez le sirop d'érable et déposez les abricots côté plat dessous. Faites-les cuire à feu moyen 10 minutes en les retournant à mi-cuisson. Saupoudrez de fleurs de lavande, couvrez et laissez refroidir.

Recoupez les morceaux d'ananas préalablement décongelés en deux et mélangez-les avec les abricots. Saupoudrez de menthe et servez bien froid.

Galettes
au beurre
A L'HEURE D

Salade glacée de melon et mangue au citron vert

RECETTE RAPIDE

POUR 6 PERSONNES
DÉCONGÉLATION : BILLES DE MELONS ET PASTÈQUE
PRÉPARATION 10 MINUTES - SANS CUISSON

Les surgelés

450 g de pastèque et melons en billes
50 cl de sorbet mangue
2 c. à s. de menthe douce

Chez l'épicier

1 citron vert

Placez les billes de pastèque et de melon décongelées dans un saladier. Lavez le citron, prélevez le zeste et hachez-le finement. Pressez le citron et versez le jus sur les billes de fruits. Formez des billes de sorbet à la mangue à l'aide d'une cuillère parisienne et jetez-les dans le saladier. Saupoudrez de menthe et de zeste de citron. Servez sans attendre.

Milk-shake aux calissons

RECETTE RAPIDE

POUR 4 PERSONNES
SANS DÉCONGÉLATION
PRÉPARATION 5 MINUTES

Les surgelés

200 g de glace Calisson

Chez l'épicier

50 cl de lait

Mixez ensemble le lait et la glace Calisson. Servez dans des verres avec des pailles.

Compote de mangue, pomme, cannelle et citron vert

POUR 4 PERSONNES
SANS DÉCONGÉLATION
PRÉPARATION 10 MINUTES - CUISSON 30 MINUTES

Les surgelés

450 g de mangues en tranches

Chez l'épicier

3 pommes Golden
le jus de 2 citrons verts
50 g de sucre semoule
2 bâtons de cannelle

Épluchez et coupez en morceaux les pommes. Déposez-les dans une casserole avec le jus de citron, le sucre et la cannelle. Laissez cuire 20 minutes à couvert à feu moyen. Ajoutez les mangues en tranches et poursuivez la cuisson encore 10 minutes. Retirez la cannelle et mixez en compote (ou passez au presse-purée). Laissez refroidir à température ambiante, puis réservez au réfrigérateur jusqu'au moment de servir.

Compote de rhubarbe, framboises, miel et menthe

POUR 4 PERSONNES
SANS DÉCONGÉLATION
PRÉPARATION 5 MINUTES - CUISSON 40 MINUTES

Les surgelés

500 g de rhubarbe en morceaux
500 g de framboises brisées
3 c. à s. rases de menthe douce

Chez l'épicier

150 g de miel d'acacia

Dans une casserole, déposez le miel d'acacia, la rhubarbe en morceaux et 2 cuillerées à soupe d'eau. Faites réduire à feu moyen 30 minutes environ en mélangeant de temps en temps jusqu'à épaississement. Ajoutez les framboises brisées, laissez cuire encore 10 minutes puis passez au presse-purée. Versez la menthe et gardez au froid.

Salade fraîche de figues et griottes au vin rouge

RECETTE RAPIDE

POUR 6 PERSONNES
SANS DÉCONGÉLATION
PRÉPARATION 5 MINUTES - CUISSON 1 MINUTE
RÉFRIGÉRATION 6 HEURES

Les surgelés

600 g de figues
600 g de griottes dénoyautées

Chez l'épicier

250 ml de vin rouge
150 g de sucre
2 bâtonnets de cannelle

Mélangez les figues et les griottes dans un saladier.

Dans une casserole, portez à ébullition le vin, le sucre et la cannelle. Laissez bouillir 1 minute, puis versez sur les fruits.

Mélangez bien et laissez macérer au frais pendant au moins une demi-journée.

Quatre-quarts de fruits rouges à la cannelle et à l'orange

POUR 8 PERSONNES
SANS DÉCONGÉLATION
PRÉPARATION 15 MINUTES - CUISSON 45 MINUTES

Les surgelés

450 g de cocktail de fruits rouges
coulis de framboise (facultatif)

Chez l'épicier

4 œufs, 200 g de beurre
200 g de farine
200 g de sucre
1 verre à liqueur de rhum
1 orange
1 c. à c. rase de cannelle moulue

Préchauffez le four à 210 °C (th. 7).

Dans un grand saladier, battez les jaunes d'œuf avec le sucre et le beurre fondu. Incorporez la farine, puis ajoutez le rhum, le zeste d'orange râpé et la cannelle.

Battez les blancs en neige et incorporez-les délicatement au mélange.

Ajoutez les fruits rouges surgelés et farinés.

Beurrez et farinez un moule à manqué, versez la pâte et enfournez à mi-hauteur 45 minutes. Servez avec un coulis de framboises.

Muffins sucrés aux courgettes

POUR 6 PERSONNES
DÉCONGÉLATION : COURGETTES
PRÉPARATION 15 MINUTES - CUISSON 50 MINUTES

Les surgelés

300 g de courgettes en rondelles

Chez l'épicier

3 œufs
130 g de sucre roux
50 g de beurre
150 g de farine
1 c. à c. de levure chimique
1 pincée de sel
1 c. à c. de cannelle moulue

Préchauffez le four à 150 °C (th. 5). Dans un saladier, mélangez les œufs, le sucre et le beurre fondu. Incorporez la farine, la levure, le sel et la cannelle. Pressez les courgettes entre vos mains pour retirer le maximum d'eau et incorporez-les à la pâte. Huilez 6 ramequins individuels. Versez la pâte et enfournez. Laissez cuire 50 minutes. Servez tiède ou froid, avec de la crème anglaise.

Tarte amandine aux fruits rouges

POUR 6 PERSONNES
DÉCONGÉLATION : PÂTE SABLÉE
PRÉPARATION 10 MINUTES - CUISSON 30 MINUTES

Les surgelés

1 rouleau de pâte sablée
450 g de cocktail de fruits rouges

Chez l'épicier

90 g de beurre
100 g de sucre
100 g de poudre d'amandes
2 œufs
1 c. à c. de cannelle moulue

Préchauffez le four à 210 °C (th. 7). Dans un saladier, écrasez ensemble 80 g de beurre, le sucre et 80 g de poudre d'amandes. Ajoutez les œufs et la cannelle. Remuez jusqu'à ce que la crème soit homogène. Déroulez la pâte décongelée et placez-la dans le fond d'un moule à tarte légèrement beurré. Saupoudrez le fond avec le reste de poudre d'amandes, couvrez de fruits rouges surgelés, puis de crème d'amandes. Enfournez sur une plaque à mi-hauteur et laissez cuire 30 minutes. Servez tiède ou à température ambiante.

Flan de fruits rouges

POUR 4 PERSONNES
SANS DÉCONGÉLATION
PRÉPARATION 10 MINUTES - CUISSON 30 MINUTES

Les surgelés

450 g de cocktail de fruits rouges

Chez l'épicier

10 cl de lait
10 cl de crème fraîche liquide
70 g de miel
4 œufs
2 c. à c. de vanille liquide

Préchauffez le four à 150 °C (th. 5). Dans un bol, mélangez bien au fouet le lait, la crème fraîche, le miel, les œufs entiers et la vanille. Répartissez le cocktail de fruits rouges surgelés dans 4 ramequins, versez doucement le mélange précédent, mettez au bain-marie (dans un plat rempli aux trois quarts d'eau chaude) et enfournez 30 minutes. Retirez les ramequins du bain-marie et laissez refroidir.

Riz au lait thaï et mangue

POUR 4 PERSONNES
SANS DÉCONGÉLATION
PRÉPARATION 5 MINUTES - CUISSON 15 MINUTES

Les surgelés

4 tranches de mangue
500 ml de sorbet noix de coco
200 g de riz basmati cuit

Chez l'épicier

1/2 c. à c. de fleur de sel

Faites chauffer 400 ml de sorbet coco dans une casserole jusqu'à l'ébullition. Jetez le riz en pluie, salez et remuez. Dès la reprise de l'ébullition, laissez cuire 10 minutes à couvert en remuant de temps en temps, puis laissez tiédir. Ajoutez le reste du sorbet dans le riz tiède et remuez. Servez froid mais pas glacé, avec les tranches de mangue que vous aurez au préalable coupées en lamelles fines sans aller jusqu'à la base et que vous aurez écartées comme une fleur.

Confiture de framboises au piment d'Espelette

Recette EXPRESS MICRO-ONDES

POUR 2 POTS DE 40 CL
SANS DÉCONGÉLATION
PRÉPARATION 5 MINUTES - CUISSON 20 MINUTES

Les surgelés

500 g de framboises brisées

Chez l'épicier

1/2 c. à c. de piment d'Espelette
le jus de 1 citron
200 g de sucre
2 c. à s. de vinaigre de framboise

Versez les framboises brisées dans un plat allant au micro-ondes, ajoutez le piment d'Espelette, le jus de citron et faites cuire 5 minutes à 750 watts.

Ajoutez le sucre et le vinaigre de framboise, mélangez et laissez cuire 15 minutes (remuez 3 fois en cours de cuisson). Versez la confiture dans deux bocaux stérilisés.

Framboise
Picard

Soupe de framboises à la rhubarbe

POUR 4 PERSONNES
SANS DÉCONGÉLATION
PRÉPARATION 10 MINUTES - CUISSON 15 MINUTES

Les surgelés

400 g de framboises
20 cl de jus d'orange sanguine de Sicile
200 g de rhubarbe en morceaux

Chez l'épicier

50 g de sucre
50 g de miel d'acacia

Dans une casserole, versez le jus d'orange sanguine, la rhubarbe, le sucre, le miel d'acacia. Portez à ébullition et laissez cuire 15 minutes.

Ajoutez 200 g de framboises et mixez le tout.

Incorporez le reste des framboises et gardez au frais jusqu'au moment de servir.

Verrines chocolat et café

RECETTE RAPIDE

POUR 4 PERSONNES
SANS DÉCONGÉLATION
PRÉPARATION 10 MINUTES - SANS CUISSON

Les surgelés

500 ml de glace Spéculos
500 ml de glace café arabica robusta
100 g de sauce chocolat

Chez l'épicier

1 boîte de biscuits à la cannelle

Émiettez grossièrement les biscuits à la cannelle et répartissez-les dans 4 verrines.

Ajoutez dans chacune d'elles 1 boule de glace Spéculos, un peu de sauce chocolat, puis 1 boule de glace café.

Préparez 2 cafés expresso bien serrés et versez-les dans les verrines. Servez aussitôt.

Soupe de framboises à la rhubarbe

Verrines chocolat et café

Carot'cake à la cannelle

POUR 8 PERSONNES
SANS DÉCONGÉLATION
PRÉPARATION 15 MINUTES - CUISSON 1 HEURE

Les surgelés

600 g de jeunes carottes extra-fines

Chez l'épicier

150 g de farine
50 g de sucre
50 g de sirop d'érable
3 œufs
1 c. à c. rase de cannelle moulue
1 sachet de levure chimique
100 g de beurre
100 g de cerneaux de noix
25 g de raisins secs

Faites cuire les carottes 15 minutes à la vapeur.

Préchauffez le four à 180 °C (th. 6).

Dans un grand saladier, mélangez la farine, le sucre, le sirop d'érable, les œufs entiers, la cannelle, la levure et le beurre fondu.

Concassez les cerneaux de noix. Écrasez les carottes à la fourchette et séchez-les dans une casserole à fond large, 10 minutes à feu moyen en remuant sans cesse avec une spatule. Ajoutez-les à la pâte avec les raisins secs.

Versez le tout dans un grand moule à cake beurré et fariné, enfournez 40 minutes environ. Laissez refroidir avant de servir.

Petits puddings aux mirabelles

POUR 6 PERSONNES
DÉCONGÉLATION : TRANCHES DE BRIOCHE
PRÉPARATION 10 MINUTES - CUISSON 40 MINUTES

Les surgelés

500 g de mirabelles, 1 brioche tranchée pur beurre
1 c. à c. de gingembre, 6 petits pots de vanille « Plaisir et Mieux-Être » (dessert glacé allégé)

Chez l'épicier

200 g de margarine allégée (pour cuisson)
50 g de cassonade, 2 c. à s. de calvados
1 c. à c. de cannelle moulue, 2 sachets de sucre vanillé

Préchauffez le four à 180 °C (th. 6). Faites fondre les mirabelles 10 minutes dans une casserole avec le gingembre, 1 pincée de sel, la cannelle, le sucre vanillé et le calvados. Pendant ce temps, faites fondre la margarine. Badigeonnez-en 6 petits ramequins de 10 cm de diamètre et saupoudrez-les avec la moitié de la cassonade. Déchirez grossièrement la brioche et mélangez-la à la margarine restante. Tapissez le fond des ramequins avec la moitié de la brioche, tassez bien. Répartissez ensuite les mirabelles, recouvrez de brioche et saupoudrez le reste de cassonade sur le dessus. Enfournez et laissez cuire 30 minutes. Démoulez chaud et servez avec les petits pots de glace vanille.

Beignets d'épinards à la cassonade

POUR 4 PERSONNES
SANS DÉCONGÉLATION
PRÉPARATION 10 MINUTES - CUISSON 4 MINUTES PAR BEIGNET

Les surgelés

200 g de feuilles d'épinards

Chez l'épicier

50 cl d'huile d'olive
100 g de farine
2 jaunes d'œuf
sel, cassonade
cannelle moulue

Faites chauffer l'huile d'olive dans une sauteuse. Dans un plat creux, mélangez la farine, 20 cl d'eau glacée et les jaunes d'œufs. Salez légèrement. Versez les feuilles d'épinards dans la pâte et remuez. À l'aide d'une écumoire, prélevez un quart de la pâte et déposez-la dans l'huile brûlante pour former une galette. Laissez cuire à feu moyen à vif 2 minutes de chaque côté environ. Égouttez sur du papier absorbant. Renouvelez l'opération. Saupoudrez les beignets de cassonade et de cannelle. Servez bien chaud avec une boule de glace vanille.

Cake aux agrumes et aux raisins

POUR 4 PERSONNES
SANS DÉCONGÉLATION
PRÉPARATION 10 MINUTES - CUISSON 1 HEURE

Les surgelés

500 g de salade d'agrumes

Chez l'épicier

200 g de farine
150 g de sucre semoule
125 g de beurre fondu
2 œufs entiers
2 sachets de levure chimique
1/2 zeste de citron râpé
50 g de raisins secs

Préchauffez le four à 180 °C (th. 6). Dans un grand saladier, mélangez la farine tamisée avec le sucre semoule, le beurre fondu, les œufs entiers, les sachets de levure et le zeste de citron râpé. Ajoutez les raisins secs et la salade d'agrumes légèrement farinée, enrobez bien les fruits, puis étalez la pâte dans un moule à cake beurré et fariné. Enfournez 1 heure et servez tiède ou froid.

Agrumes déguisés

Recette EXPRESS MICRO-ONDES

POUR 4 PERSONNES
DÉCONGÉLATION : SALADE D'AGRUMES
PRÉPARATION 15 MINUTES - SANS CUISSON

Les surgelés

300 g de salade d'agrumes

Chez l'épicier

200 g de chocolat noir amer
1/2 c. à c. de cannelle moulue

Ne laissez pas décongeler la salade d'agrumes plus de 30 minutes pour que les fruits restent encore un peu glacés. Pendant ce temps, faites fondre le chocolat avec la cannelle au micro-ondes ou au bain-marie. Piquez chaque morceau d'agrume sur des pics en bois et plongez-les dans le chocolat. Posez-les à plat sur une feuille de papier sulfurisé et laissez refroidir au frais pendant 1 heure.

Soupe tiède de fruits du verger, sorbet poire Williams

RECETTE RAPIDE

POUR 6 PERSONNES
SANS DÉCONGÉLATION
PRÉPARATION 5 MINUTES - CUISSON 10 MINUTES

Les surgelés

750 g de salade de fruits du verger
sorbet poire Williams

Chez l'épicier

2 c. à s. de confiture d'abricots
1 c. à c. rase de 4 épices
amandes effilées
le zeste de 1/2 citron

Versez la salade de fruits dans une poêle chaude, ajoutez le zeste de citron, les 4 épices, la confiture et faites cuire le tout à feu vif pendant 10 minutes en remuant de temps en temps.

Laissez tiédir avant de répartir le mélange dans 6 bols.

Servez avec une boule de sorbet poire. Décorez éventuellement d'amandes effilées grillées.

Pizza à la rhubarbe

POUR 4 PERSONNES
DÉCONGÉLATION : RHUBARBE ET PÂTE À PIZZA
PRÉPARATION 5 MINUTES - CUISSON 25 MINUTES

Les surgelés

1 pâte à pizza
500 g de rhubarbe
glace vanille

Chez l'épicier

50 g de cassonade
1 c. à c. de thym
2 c. à s. de poudre d'amandes
2 c. à s. d'huile d'olive, sel

Faites décongeler la rhubarbe, puis égouttez-la à fond. Saupoudrez-la de cassonade et de thym.

Préchauffez le four (avec sa plaque) à 210 °C (th. 7).

Sur une feuille de papier sulfurisé, étirez la pâte à pizza décongelée au rouleau pour former le disque le plus grand possible, couvrez de poudre d'amandes en laissant un bord vierge, répartissez la rhubarbe, saupoudrez légèrement de sel (1 pincée), arrosez d'huile d'olive et faites glisser la feuille sur la plaque brûlante.

Enfournez et laissez cuire 25 à 30 minutes. Servez tiède avec une boule de glace vanille.

Œufs à la neige chocolat... thé

RECETTE RAPIDE

POUR 4 PERSONNES
DÉCONGÉLATION : SAUCE AU CHOCOLAT ET CRÈME ANGLAISE
PRÉPARATION 10 MINUTES - CUISSON 2 MINUTES

Les surgelés

200 g de sauce au chocolat
200 g de crème anglaise

Chez l'épicier

4 blancs d'œufs
2 sachets de thé Earl Grey
80 g de sucre en poudre

Préparez le thé en versant 10 cl d'eau bouillante sur les sachets de thé. Laissez infuser 10 minutes. Retirez les sachets, puis incorporez la sauce au chocolat.

Ajoutez la crème anglaise, mélangez et répartissez ce coulis dans des assiettes creuses.

Portez à frémissements une grande quantité d'eau dans une casserole.

Montez les blancs d'œufs en neige. Quand ils sont bien montés, incorporez le sucre petit à petit en continuant de fouetter. Prélevez 12 quenelles de blanc à l'aide de 2 cuillères à soupe et faites-les glisser dans l'eau. Laissez pocher en les retournant à mi-cuisson. Égouttez-les et déposez-les dans les assiettes. Servez sans attendre.

Pizza à la rhubarbe

Œufs à la neige chocolat… thé

Table des recettes

Terrines, tartes et cakes salés

Foie gras

Poissons

Crustacés et mollusques

Volailles et gibiers

Viandes

Desserts

RECETTE RAPIDE Se prépare en 20 minutes et moins.

Recette EXPRESS MICRO-ONDES Se prépare rapidement au four à micro-ondes.

Pour l'éditeur, le principe est d'utiliser des papiers composés de fibres naturelles, renouvelables, recyclables et fabriquées à partir de bois issus de forêts qui adoptent un système d'aménagement durable.
En outre, l'éditeur attend de ses fournisseurs de papier qu'ils s'inscrivent dans une démarche de certification environnementale reconnue.

Mise en pages : Les PAOistes

Édition 01
Dépôt légal : avril 2008
ISBN : 978-2-501-05854-4
Codif : 4011011
Imprimé en Espagne par Graficas Estella